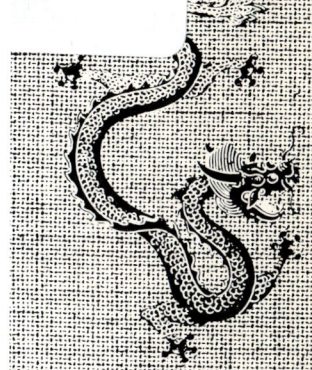

KUNG-FU

... das chinesische Boxen

von

John Armstead

**ins Deutsche übersetzt von
I. Hauptenbucher**

mit 144 Fotografien

11. Auflage
2006

VERLAG WEINMANN · BERLIN

Autor und Verlag haften in keiner Weise für Verletzungen, die bei der Ausübung der hier beschriebenen Instruktionen und Ausführungen auftreten können. Eine Haftung für Personen-, Sach- und Vermögenswerten ist ausgeschlossen.

Bibliografische Information Der Deutschen Bibliothek
Die Deutsche Bibliothek verzeichnet diese Publikation in der Deutschen Natio-nalbibliografie; detaillierte bibliografische Daten sind im Internet über http://dnb.ddb.de abrufbar.

Ital. Erstausgabe:
KUNG-FU DI OKINAWA
Grafik: Riccardo Montenegro
Fotos: Studio DEF-ROM

Satz: Layoutsatz Wäsch
Druck: Eppler & Buntdruck

Inhaltsverzeichnis

Dankesworte

Meinen Schülern Pietro Valenti, Danilo Amore, Massimo Cavazza und Bruno Baldassarre möchte ich für ihre Mitarbeit bei der Erstellung der Photos, die zur Verwirklichung des vorliegenden Buches beigetragen haben, meinen aufrichtigen Dank aussprechen. Außerdem möchte ich meinen Dank Giuseppe Paolo Scotto für seine wertvolle Hilfe bei der Entstehung und Erweiterung des Buches sowie auch für seine Darstellung auf einigen Bildern aussprechen.

J. A.

Vorwort

Es war Weihnachten 1972 als zum ersten Mal auf der Leinwand ein chinesischer Film über Kung-Fu, die Kunst des Angriffs mit bloßen Händen, gezeigt wurde. Der Film hatte Erfolg und schuf so Motivationen für weitere Filme dieser Art. Die unterdrückten Wunschträume des „Kleinen Mannes" von der Gewalt wurden auf diese Weise befriedigt. In diesen Filmen (wenige gute, zu viele erzieherisch minderwertige und unnütze) wurden in der Tat einfache Vorwände für den Beginn einer rasanten Entfesselung der Gewalt angeboten. Es gab keinen freien Raum für andere Themen. Einzig und allein Gewalt und Kraft dienten als roter Faden. Sogar der Sex zeigt sich in dieser Art von Filmen als geschäftlich unbrauchbar. Die Leute füllten die Kinos, fasziniert von dieser scheinbar griffbereiten „Kraft zu töten". Es war nicht mehr das raffinierte Instrumentarium von James Bond oder die Pistolen amerikanischer Sheriffs, deren Besitz und Gebrauch weniger erreichbar, wenn nicht sogar illusorisch erschienen. Einen Menschen nur mit Hilfe von Tritten und Faustschlägen zu töten, schien jetzt für jedermann möglich. Vielleicht schon, nachdem man zwei oder dreimal einen dieser Filme gesehen hätte, würde man imstande sein, dem Zelluloidhelden seine Geheimnisse über Tod, Angriff und Gewalt zu entreißen. Die Leinwand zeigte Augen, die durch einen Schlag mit gekrümmten Fingern zerrissen waren, durch Tritte zerfetzte Kehlen, durch Faustschläge und Tritte gefällte Bäume. Die Leute sahen diese exotischen Helden außergewöhnliche Sprünge ausführen und waren davon fasziniert.

Wie kann man erklären, daß vieles von dem falsch, übertrieben oder nur sehr wenigen möglich war? Wie erklärt man, daß diese antiken Kampfkünste in Beziehung zu ganz bestimmten Situationen standen und im Besitz von ethischen oder gesellschaftlichen Minderheiten waren?

Die Kampfkünste, zunächst eine körperliche Disziplin für buddhistische Mönche des Shaolin-Tempels, wurden später zum einzigen Verteidigungsmittel für diejenigen, die lange Reisen in ein Land unternahmen, in dem die zentrale Macht nicht bis in jedem Bezirk reichen konnte und in dem die Straßen von grausamen und blutgierigen Räubern heimgesucht wurden. Sie waren die einzige Waffe, die sich dem geistlichen Stand und einigen Klassen des Volkes boten, um sich der Gewalttätigkeit der Straßenräuber, die im Sold der Mandarine oder örtlich Mächtiger standen, zu widersetzen. Zur Zeit der Kriege in China und der Kriege gegen Japan waren sie die letzten Hilfsmittel der wehrlosen Armen. Wie soll man erklären, daß die Verbreitung der Kenntnisse des Kung-Fu auf wenige Übende beschränkt war und daß diese gemäß sehr strengen ethisch-moralischen Prinzipien vom Lehrer auf den Schüler übertragen wurden.

Der populäre und schon so früh verstorbene Leinwandheld Bruce Lee hat versucht einen exakten Begriff vom Kung-Fu zu vermitteln. Kung-Fu hat als letzte Kampfkunst unter den ehemals vielen, einer fernen aber noch nicht ausgestorbenen Welt, überlebt. Bruce Lee hat das Maß der Leistung und der Hingabe an eine auf höchstes Niveau getriebene physische Übung verkörpert.

Während der Zeit, in der diese Thematik in Filmen dargestellt wurde, entstand in Rom die erste solide Kung-Fu-Schule. Der technische Direktor dieser Schule war John Armstead, ein hünenhafter, dreißigjähriger Ire. Er erlangte Meisterwürden nach mehreren Studienjahren an der Judan Kung-Fu Academy in London und später in Okinawa in Japan. Okinawa ist Herkunftsort einer besonderen Kung-Fu-Schule, die deswegen auch als Okinawa-Stil bezeichnet wird.

Die seit 1971 bestehende römische Schule bewies ihr kontinuierliches Funktionieren durch eine ständige Zunahme der Anzahl der Schüler. Das hinderte die Schule jedoch nicht daran, diejenigen, die diese Kunst ernsthaft erlernen wollten, auszuwählen und Schüler, die im Kung-Fu nur ein Mittel zu ungerechtfertigtem Angriff und zu Straftaten sahen, aus den Kursen zu entfernen. Eine strenge Disziplin bildete das Filter für diejenigen, die offenbar geistig und körperlich unvorbereitet für ein ernsthaftes Studium des Kung-Fu waren. Der tiefere Sinn dieser Disziplin ist vielleicht aus dem symbolischen Schluß des ersten Bruce Lee Films, der in Europa gezeigt wurde, zu ersehen. Am Schluß dieses Films werden die Werte der Einzelperson gegenüber den Untaten der Massen symbolisch dargestellt. So der Wert des Menschen, der an seine persönliche Freiheit glaubt und sie mit allen Mitteln verteidigt und der des Entwaffneten, der aus Liebe zur Gerechtigkeit beschließt, den bewaffneten Menschen und ihrer von Bomben, Napalm und Maschinengewehren getragenen ideologischen Gewalttätigkeit entgegenzutreten. Vielleicht wollte man auch so das Aussterben der Kampfkünste, bedingt durch den Fortschritt, darstellen: Der Held springt gegen die mit Maschinengewehren bewaffneten Männer und die Szene wird dunkel.

Die Geschichte des Kung-Fu

Die Geschichte des Kung-Fu

Die Ursprünge des Kung-Fu sind ziemlich ungewiß und verlieren sich in der Legende. Der erste Hinweis auf diese waffenlose Kampftechnik bezieht sich auf den Kaiser Huang Ti, der ca. 2600 v. Chr. lebte. Die Chronik berichtet von einem mythischen Kampf, der zwischen Huang Ti und einem gehörnten Dämonen namens Ch'ih Yu stattfand und der mit dem Sieg von Huang Ti endete. Aus dieser legendären Heldentat entstand eine Art Gedächtnisfeier mit religiösem Hintergrund. Bei dieser wurden die Teilnehmenden in zwei Gruppen geteilt. Auf der einen Seite stellten sich die auf, welche Ch'ih Yu darstellten, auf der anderen Seite diejenigen, die sich ohne Gebrauch irgendeiner Waffe verteidigen mußten. Die Mitglieder der ersten Gruppe trugen Helme mit langen Hörnern, mit denen sie versuchen mußten, ihre Gegner aufzuspießen. Die Gegenpartei entwickelte eine Art rudimentärer Form der Selbstverteidigung, basierend vor allem auf der Wirksamkeit von Paraden.

Während der Herrschaft von Huang Ti begann die Verbreitung von Übungsanweisungen, die auf Grund medizinischer Erfahrungen entstanden. Sie hatten die Stärkung des Körpers durch spezielle Atemtechniken zum Ziel. Der Name dieser ersten Übungsformen war bereits Cong-Fu.

Während der Chou Dynastie (1100-250 v. Chr.) setzte sich die blühende Entwicklung dieser rudimentären Form des Kampfes ohne Waffen fort, wie in einigen Schriften aus dieser Epoche berichtet wird. Die Verkündungen von Kung-Fu-Tse (Konfuzius) und von Lao-Tse (Autor des Tao Te Ching) erschienen wie eine theoretische Voraussetzung für jene Schulen der Kampfkünste, die sich in der Folge entwickelten. Von großer Bedeutung war die Zusammenstellung von Übungen für die Entwicklung der inneren Macht („ch'i") und der geistigen Herrschaft („i"), die von dem Arzt Hua To (190-265) geschaffen wurde. Diese Übungen gehen von dem Wesen folgender fünf Tiere aus: Bär, Kranich, Hirsch, Affe und Tiger. Sie sollen die verschiedenen physischen Fähigkeiten des Menschen verkörpern.

Der erste moderne Kung-Fu Stil entstand während der Periode der drei Königreiche (220-280) durch Kwoon Yee. Dieser Stil wurde „lange Hand" genannt und basierte auf dem Prinzip des Angriffs auf Distanz.

Mit der Ankunft von Ta Mo im Süden Chinas (ca. 520) kann man die Entstehung des Kung-Fu sicher datieren. Von Ta Mo, der auch unter dem Namen Bodhidharma bekannt ist, erzählt man, daß er ein Sohn des Inderkönigs Sugandha gewesen sei und eine kriegerische Erziehung durch den großen Lehrer Prajnatra bekommen habe. Ta Mo war nach China gekommen, um seine Auffassung vom Buddhismus zu verbreiten. Er wurde jedoch vom Kaiser Liang Wu Ti, zu dem er gekommen war, um zu predigen, nicht angehört. Von diesem verstoßen, hat er mit einigen Anhängern Zuflucht im Kloster von Shaolin in der Provinz Honan gesucht. Hier begann er seine Lehre, die auf erschöpfenden Meditationen basierte, zu verbreiten. Seine Übungen erforderten eine völlige seelische und körperliche Hingabe der jungen Schüler. Es geschah oft, daß diese während der Meditation vor Erschöpfung einschliefen. Um dies zu vermeiden, entwickelte Ta Mo 18 Übungen zur Konditionsverbesserung, um dadurch Körper und Geist der Schüler zu stärken. Einige dieser Übungen sind in die Grundformen des chinesischen Boxens eingegangen.

Andere Berichte über Kung-Fu gegen Ende des 10. Jahrhunderts stammen vom Kaiser Tai Tzu (Sung Dynastie), der 32 Kampfstellungen für die große Distanz in Regeln faßte und diese ch'ang ch'uan nannte. Durch einen General des kaiserlichen Heeres entstand dann eine der Hauptschulen des Kung-Fu. Diese Kampfmethode basiert auf der Kraft gradlinig ausgeführter Fauststöße. Diese Kunst existiert bis zum heutigen Tag unter dem Namen „Hsing i".

Kaum hundert Jahre später entwickelte ein ergebener Schüler von Konfuzius, Chan San Feng, ein eigenes Kampfsystem. Dieses brachte Bewegung in das moderne **„T'ai chi ch'uan"**, die wichtigste der „weichen" Schulen des Kung-Fu. Man sagt, daß Chan von einem Kampf zwischen einer Schlange und einem Kranich fasziniert gewesen sei. Obwohl der Kranich aus allen Stellungen angriff, gelang es der Schlange immer wieder den Angriffen mit schnellen Bewegungen auszuweichen, bis die Schlange am Ende siegte. Davon tief beeindruckt schaffte Chan eine auf der Beobachtung der Bewegungen dieser beiden Tiere basierende, weichere Kampfart. Man nannte sie „nei-chia" oder „inneres System", wobei an den kraftvollen Formen der „äußeren" Schule von Shaolin gravierende Änderungen vorgenommen wurden. Im Tempel der weißen Wolke, in den Bergen im Westen Pekings gelegen, bildete sich so eine Schule der Kampfkünste, bei der das „nei-chia" mit einer ganzen Reihe von Vorbereitungsübungen, genannt ch'i kung, abwechselte.

Mit der Entstehung des nei-chia zeichnete sich der zukünftige Bruch zwischen den zwei bedeutendsten Auffassungen vom Kung-Fu, vertreten durch die beiden Hauptschulen, die äußere (harte) Schule und die innere (weiche) Schule ab. Die eine, beeinflußt durch die zen-Lehre des Ta Mo aus Shaolin, betonte einen harten und kräftigen Stil. Die andere, unter taoistischem Einfluß, betonte Prinzipien, die denen der Japaner mit ihrem Konzept des „Ju" näher standen.

Zur Zeit der inneren Unruhen und der daran anschließenden Flucht der Zivilbevölkerung in die Klöster, geschah es zum ersten Mal, daß nicht nur die Angehörigen des geistlichen Standes in die Kampfkünste eingeweiht wurden. Auf Grund dieser Tatasachen gestaltete sich die zukünftige Entwicklung des Kung-Fu: Bei Abbau des philosophischen Gehalts und steigender Zahl der Übenden erreichte Kung-Fu eine bedeutende Verbreitung.

Es war Anfang des 17. Jahrhunderts unter der Ming Dynastie, als durch Chueh Yuan ein wesentlicher Fortschritt erzielt wurde. Der adelige Chueh Yuan zog sich zur Meditation in den Tempel von Shaolin zurück. Er erweiterte mit Hilfe seiner Erfahrungen in verschiedenen Kampfpraktiken sowohl mit bloßen Händen als mit dem Schwert die 18 Grundübungen von Ta Mo auf 72 Stellungen. Unzufrieden mit dem Ergebnis, trat er eine Reise an, um Lehrer zu suchen, die ihm bei seinen Erneuerungsbestrebungen behilflich sein konnten. So geschah es, daß er zufällig auf einen alten Kung-Fu Lehrer namens Li Chieng traf. Dieser widerstand ganz allein mehreren Gegnern überlegen. Chueh, darüber verwundert, wollte diesen Mann kennenlernen, der ihm seinerseits einen anderen angesehenen Lehrer, Pai Yu Feng vorstellte. Diese drei Männer kehrten nach Shaolin zurück und kodifizierten zusammen ein System von 170 Bewegungen, das aus fünf unterschiedlichen Stilen bestand: Dem des Tigers, des Drachen, des Kranichs, des Leoparden und der Schlange. Jeder dieser Stile hat den Zweck, eine Wesensart des Menschen besonders hervorzuheben. Die Schule des Tigers stärkte enorm die Glieder, die des Leoparden verlieh dem ganzen Körper Kraft, die des Drachen erlaubte die Resonanz zwischen Geist und Körper. Der Kranichstil entwickelte die Gelenkigkeit und das Gleichgewicht, während der Stil der Schlange die Verwirklichung des ch'i begünstigte.

Der Einfall der Mandschu führte zum Sturz der Ming Dynastie, der 1662 die Ch'ing Dynastie folgte. Dies bewirkte, daß Gruppen von treuen Anhängern der alten Dynastie sich versammelten und Geheimbünde bildeten, die oft in den buddhistischen Tempeln Zuflucht fanden. Deswegen kam es schließlich zur Zerstörung des Tempels von Shaolin durch den Kaiser K'ang Hsi.

Mit der Zerstörung des Tempels von Shaolin begann die Phase der Verbreitung des Kung-Fu unter das Volk. Gerade in dieser Zeit des 18. Jahrhunderts entstanden die übrigen Hauptschulen des chinesischen Boxens. Die zwei wichtigsten waren jene der Gottesanbeterin und jene des Kranichs. Die Schule der Gottesanbeterin oder tong long ist ein typischer Verteidigungsstil. Er basiert auf der Deckung mit verschränkten Armen und macht einen Angriff in mittlerer oder hoher Stufe recht schwierig. Die Schule des Kranichs oder „bak hok pai" dagegen bestand einzig und allein aus auffallend hohen Fußtritten, die das Schlagen der Flügel eines Kranichs nachzuahmen versuchte.

Gleichzeitig entstand durch einen buddhistischen Asketen die letzte chinesische Schule des Kung-Fu, die Schule Wing Chun. Sie beruhte allein auf der Behendigkeit und der Anwendung geeigneter Faustschläge. Vor allem aus dieser Schule gingen die berühmten „Boxer" hervor, die Urheber des Boxeraufstandes von 1898.

Der Okinawa Kung-Fu Stil entstand in der selben Zeit und ging aus der harten chinesischen Schule und dem japanischen Kempo hervor. Aus dieser Synthese resultierte ein fester und dynamischer Stil, der sich auf eine große Zahl von

Handtechniken und eine beschränkte Reihe von Paraden stützt, welche nahe mit den entsprechenden Techniken der chinesischen Schulen von Shaolin verwandt sind.

Der Erfolg des von Bruce Lee demonstrierten Kung-Fu ist der praktische Beweis für die Vitalität dieser Kampfkunst. Vor Jahrhunderten aus der damaligen Situation und den seinerzeitigen philosophischen Prinzipien entstanden, begeistert es noch heute diejenigen, die sich näher damit befassen.

Die „weiche" und die „harte" Schule des Kung-Fu und das Prinzip des Yin und Yang.

Die beiden Kung-Fu Schulen, die sogenannte Innere (weiche) und die Äußere (harte) haben viele Gemeinsamkeiten mit dem Prinzip des Yin und Yang.

Yin stellt die Weicheit, die Nachgiebigkeit, die Passivität, das Negative und Weibliche (!) dar.

Yang ist das Ergänzende und das Gegenteil zugleich: Die Härte, die Festigkeit, die Aktivität, das Positive, das Männliche.

Das Symbol des Yin und des Yang ist allgemein bekannt und wird durch einen weißen und einen schwarzen Halbkreis dargestellt, die einander durchdringen und ein harmonisches Ganzes bilden (s. Seite 16).

Die Schulen des Kung-Fu unterlagen dem Einfluß beider Haltungen. Man bemerkt das sowohl bei den extremen Stilen, als auch bei den dazwischen liegenden Schulen, in denen sich die beiden Konzepte harmonisch im Gleichgewicht halten.

Das bedeutet, der Schüler muß beide Prinzipien aufnehmen, um sie später zu harmonisieren und seinem Temperament folgend, seine Veranlagungen zur Perfektion bringen.

Die weiche (innere) Schule lehrt die Ruhe und die Festigkeit der Stellungen. Die Ruhe des Geistes bereitet die Erlangung des Ch'i vor und betont besonders die Reflexe. Die harte (äußere) Schule stellt Kraft, Geschwindigkeit, Tatendrang und Widerstand in den Vordergrund.

Beim Okinawa Stil werden beide Aspekte harmonisch miteinander verbunden.

Die Grundsätze des Kung-Fu

Sie sind in einem Lehrbuch des buddhistischen Mönchs Chueh Yuan, der zu Anfang des 16. Jahrhunderts in China unter der Ming Dynastie gelebt hat, entnommen. Sie wurden denjenigen übergeben, die sich dem Studium des Kung-Fu weiter widmen wollten. Einige dieser Grundsätze sind mit den erforderlichen Vorbehalten auch gegenwärtig noch gültig:

I. Der Schüler soll kontinuierlich üben.

II. Kung-Fu darf nur im Falle äußerster Not und nur als Mittel zur Selbstverteidigung oder zum Schutze Schwächerer gebraucht werden.

III. Dem Lehrer und dem fortgeschrittenen Schüler gegenüber soll Höflichkeit und Respekt gezeigt werden.

IV. Der Übende soll immer höflich und ehrlich sein, und sich freundschaftlich gegenüber den anderen Übenden verhalten.

V. Man darf seine Fähigkeiten niemals Laien zeigen, auch nicht, um eventuelle Vorurteile oder Beschuldigungen zu widerlegen.

VI. Man soll nie Anlaß zu Auseinandersetzungen geben.

VII. Der Genuß von Alkohol und Fleisch sollte vermieden werden.

VIII. Sexuelles Verlangen sollte nicht die Ursache für den Beginn von Auseinandersetzungen sein.

IX. Die Vermittlung der Kampfkunst an Ungeeignete kann nur Schaden verursachen; Sie soll nur demjenigen gelehrt werden, der zum klaren Denken und zum besonnenen Gebrauch seiner Kräfte fähig ist.

X. Ein Schüler soll keine Agressivität zeigen und weder habsüchtig noch selbstgefällig sein.

Die geistige Haltung

Das Vertrauen zu sich selbst ist unentbehrlich, um ein ernstes Studium des Kung-Fu zu beginnen. Der Geist steht über der physischen Dimension und muß auch den Körper mit seiner Energie durchdringen.

Jede Übung soll nur mit einer positiven Haltung begonnen werden. Bevor man eine Übung ausführt, muß man wirklich glauben, dazu imstande zu sein. Ohne diese **innere Sicherheit** verliert man bedeutend an Kraft. Der Entschluß zu jeder Handlung muß ohne Rücksicht auf die tatsächliche physische Leistungs-fähigkeit erfolgen. Es ist ein Bestandteil des Kung-Fu zu glauben, daß der **Wille** zu den einzelnen Handlungen dem Körper hilft sie zu verwirklichen. Die ganze Kraft des Körpers entspringt dieser geistigen Haltung.

Vorübungen

1

Die Übungen zur körperlichen Vorbereitung stehen in enger Beziehung zu den typischen Kung-Fu Bewegungen. Die Übungen dienen zur intensiven Kräftigung der Muskeln. Ihr Hauptzweck ist es, Geschwindigkeit zu entwickeln und Muskeln und Gelenke zu lockern.

Bevor man mit dem eigentlichen Kung-Fu Training beginnt, bei dem Geschwindigkeit, Behendigkeit und blitzschnelle Kraftanwendung vorausgesetzt werden, ist es unbedingt nötig, einige spezifische Vorübungen auszuführen.

Übung für den Hals

Langsames Kopfkreisen mit halbgeschlossenen Augen (Bild 1). Verschränken Sie die Finger beider Hände und legen Sie diese gegen den Nacken. Nun drücken Sie ca. 10 Sekunden den Kopf nach hinten und die Ellenbogen nach vorn (Bild 2).

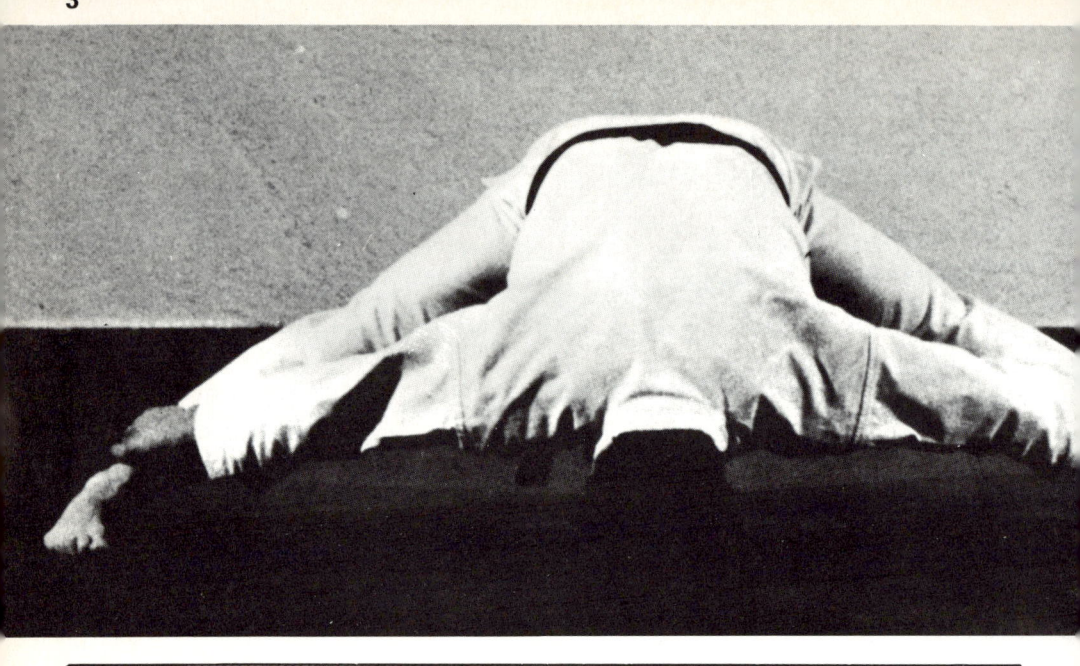

Übung für Rücken und Unterleib

Man steht mit extrem gegrätschten Beinen (Bild 3), verschränkt die Hände hinter dem Nacken oder stemmt sie in die Hüfte, und beugt sich dann nach hinten und vorne (Bild 4).

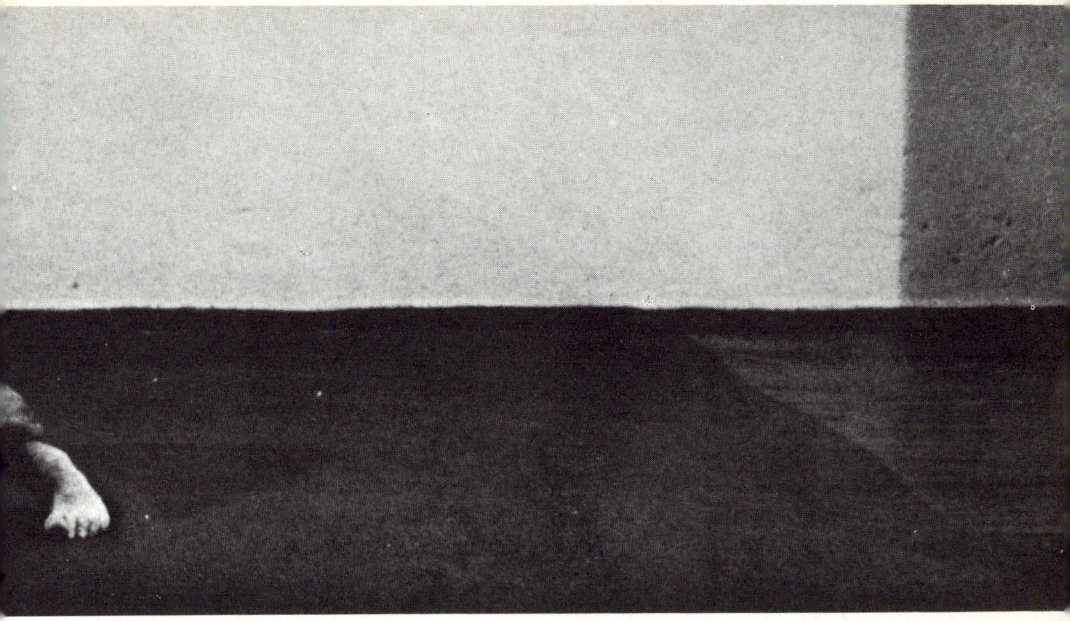

4

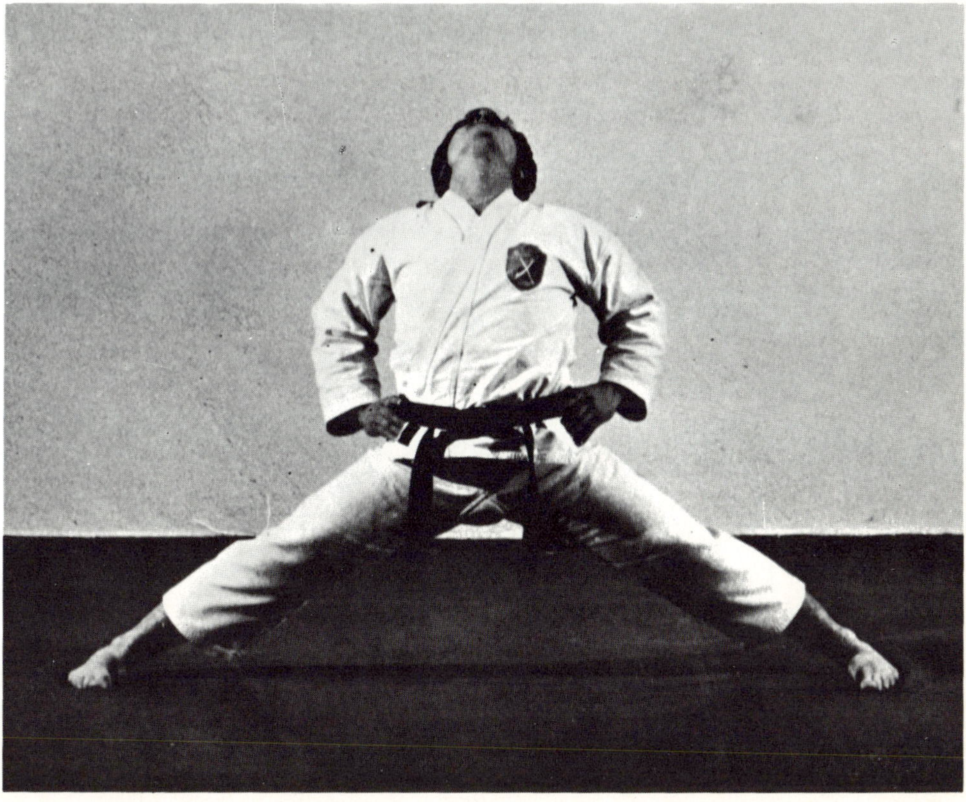

Übung zur Lockerung des Hüftgelenks

Die Beine werden soweit möglich gegrätscht. Dann wird abwechselnd ein Bein seitlich ausgestreckt und dabei gleichzeitig das Körpergewicht ganz auf das andere, nicht gestreckte, tief gebeugte Bein verlagert (Bild 5).

Liegestütz

Liegestütze verbessern die physische Spannkraft des ganzen Körpers bemerkenswert. Beim Kung-Fu Training gebraucht man drei Varianten: Auf den Handgelenken (Bild 6), auf den Knöcheln (Bild 7) und auf zwei Fingern (Bild 8). Diese Übungsformen haben den Zweck, die Hände zu stärken und ermöglichen einen festen Griff.

Anmerkung: Die geschilderten Übungen sollen im Laufe der Zeit immer häufiger ausgeführt werden. Dabei ist auf die richtige Atmung zu achten. Man atmet während des Kraftaufwandes langsam durch die Nase ein und anschließend langsam durch den Mund aus.

6

7

8

Die Atmung

Alle Kampfkünste haben eine charakteristische Atemtechnik. Beim Kung-Fu verwendet man eine der ältesten und wirksamsten chinesischen Techniken. Diese Atmungsart hat dieselben Ziele wie verschiedene Yoga-Techniken.

Die Atmung soll die Lunge von Rückständen verbrauchter Luft befreien und den Körper in einen Zustand völliger Ruhe: Entspannt und kraftvoll – überführen. Die richtige Atmung „tan tien" ist eine Grundlage zur Ausübung des Kung-Fu.

Es ist sinnlos, noch mit Alltagssorgen belastet oder mit entkräftetem Körper das Training beginnen zu wollen. Wenn man in den Übungsraum (Kwoon) eintritt, muß man frisch sein. Das kann man mit einer zweckentsprechenden Atmung erreichen. Die Tan Tien Methode sollte erst von Fortgeschrittenen verwendet werden. Sie verlangt eine Atmung ohne Bewegung des Brustkorbs. Der ganze Atmungsprozeß konzentriert sich allein auf das Zwerchfell.

Denjenigen, die mit dem Studium des Kung-Fu beginnen wollen, empfehle ich daher zunächst die folgende Atemtechnik zu verwenden. Sie ist problemloser als Tan Tien und hat außerdem bedeutende Vorteile:

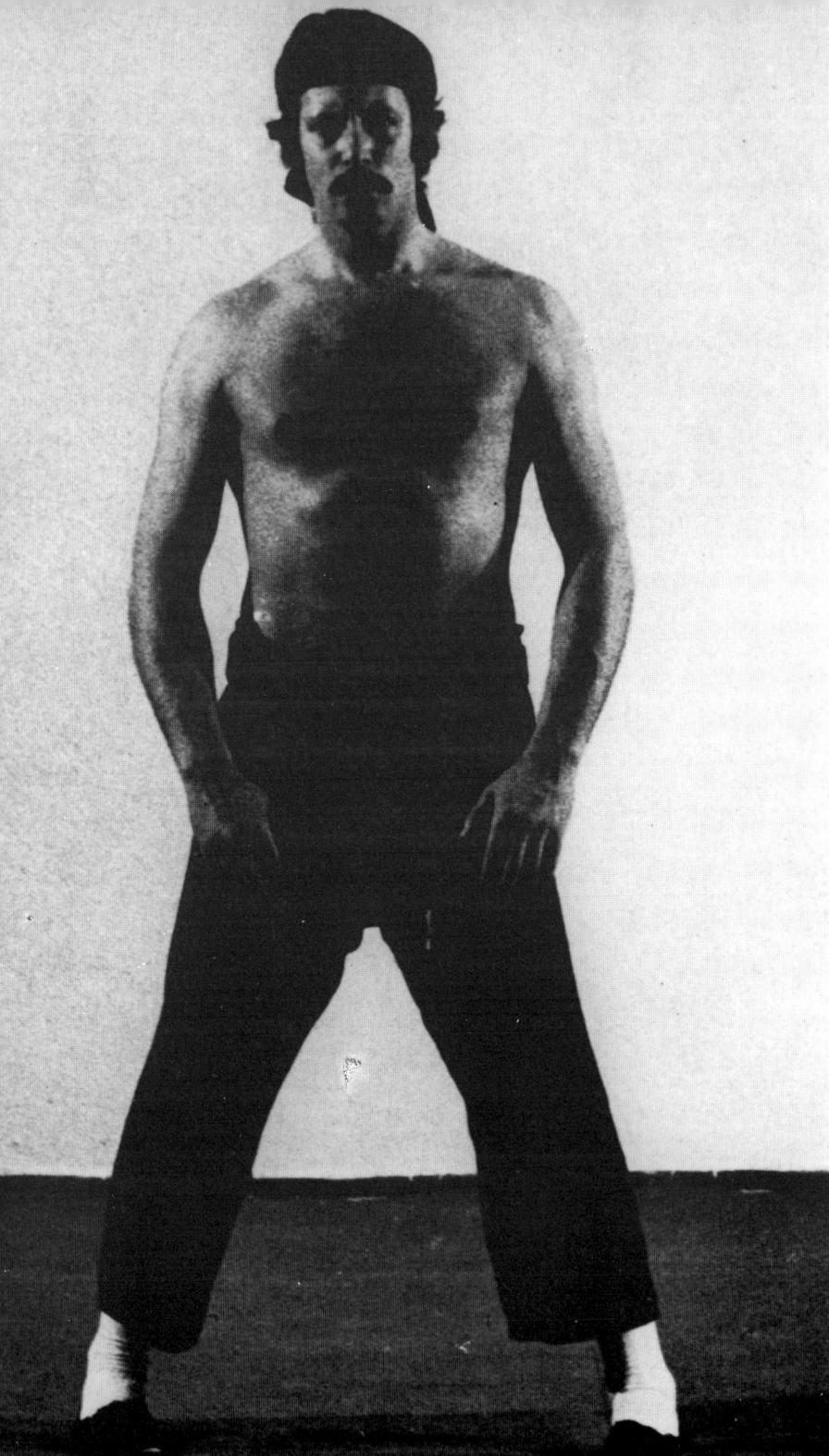

9

Grundmethode

Bild 9 1. Stellung „sanchin" einnehmen.

10 2. Tief einatmen und dabei die geballten Fäuste in Gesichtshöhe bringen.

11 3. Die Muskeln des ganzen Körpers, besonders die des Unterleibs, anspannen.

12 4. Mit weit geöffnetem Mund ausatmen und dabei einen heiseren Laut von sich geben. Gleichzeitig werden die Arme wieder in die Ausgangsposition gebracht.

13 5. Nach Vollendung dieses ersten Ausatmens wird durch Zusammenziehen des Unterleibs die noch in der Lunge verbliebene Luft ausgestoßen.

10

Die Kampfstellungen

Kung-Fu enthält sehr viele Kampfstellungen, deren besonderes Merkmal die Absicht ist, reale oder legendäre Tiere zu imitieren. Es ist in der Tat eine Eigenart des chinesischen Geistes, auf einer momentanen Beobachtung ein philosophisches System zur Verehrung der Natur und des beispielhaften Wertes ihrer Phänomene und Wesen, aus denen sie sich zusammensetzt, aufzubauen. Der auf Okinawa gelehrte Kung-Fu Stil, mit den Hauptmerkmalen Stärke und Festigkeit, hat mehr die Idee der Kraft zur Grundlage, als die der Geschwindigkeit. Das zeigt sich besonders darin, daß z. B. die Stellungen des Widders und des Drachen häufiger sind, als solche des Affen oder der Gottesanbeterin, die typisch für andere Schulen sind.
In dem vorliegenden Buch zeigen wir einige der wichtigsten Stellungen:

Sanchin-Stellung

Sie ist eine der häufigsten Kampfstellungen, die jede Art von Angriff und Verteidigung erlaubt. Wie beim Karate wird ein Fuß vor den anderen gesetzt. Der Beinabstand ist jedoch geringer (Bild 14).

15

Reiterstellung

Dies ist eine starke Verteidigungs-Stellung, ähnlich jener des Karate. Die Knie werden jedoch (statt nach außen) nach innen gedrückt (Bild 15).

Drachenstellung

Sie ist eine häufige Angriffsstellung und wird im Kampf sehr häufig benutzt. Das Körpergewicht wird beinahe völlig auf das hintere Bein verlagert, während die Arme in eine zum Schlagen bereite Position gebracht werden (Bild 16).

Froschstellung

Dies ist eine Verteidigungsstellung, die nur gebraucht wird, wenn man sich einem auf dem Boden befindlichen Gegner gegenüber sieht. In der Hockstellung wird das Körpergewicht völlig auf die Fußsohle des vorderen Fußes verteilt. Die Arme sind zum Kreuzblock bereit (Bild 17). Diese Parade ist in der Tat die einzige, die bei einem Angriff des Gegners, z. B. mit einem heftigen Stoß, das Gleichgewicht zu halten erlaubt.

16

17

18

Schlangenstellung

Dies ist eine Verteidigungsstellung und gleichzeitig eine Ausgangsposition für jede Angriffsart. Die Fußstellung gleicht einem „L". Das Körpergewicht ruht zu 70 % auf dem zurückgesetzten Bein – die Arme befinden sich in Verteidigungsstellung (Bild 18).
Mit den Händen, die in Form eines Schlangenkopfes gehalten werden, können extrem schnelle Gegenangriffe durchgeführt werden, deren Abwehr für den Gegner äußerst schmerzhaft ist.

Widderstellung

Dies ist eine reine Angriffsstellung. Sie erlaubt eine rasche Annäherung an den Gegner. Äußerste Geschwindigkeit und Entschlossenheit sind jedoch wegen der dabei geöffneten Deckung notwendig (Bild 19).

Anmerkung: Ein intensives Training ist unabdingbar, um bei der Ausführung dieser Stellungen eine hohe Geschwindigkeit zu erlangen und sie zu automatisieren.

Die Kampftechnik

Techniken mit offener Hand

Diese Techniken entstammen alle dem antiken Shaolin Tempel-Boxen. Ihre Anwendung ist auf jene Körperpartien beschränkt, die von Muskeln weniger geschützt sind (Genitalien, Augen, Hals, Kopf). Bevor man irgendeine dieser Techniken (die auch tödlich wirken können) ausführt, ist es notwendig, die Hände genügend abzuhärten, da sie sonst schmerzhaften Brüchen ausgesetzt wären. Während eines Kung-Fu Kampfes bringt man seine Hände immer wieder in die folgenden Positionen. Das hat mehrere Gründe, nämlich den Gegner einzuschüchtern, seine Aufmerksamkeit zu zerstreuen oder entscheidende Angriffe vorzubereiten:

Die Handkante

Unter der Handkante wird beim Kung-Fu die Muskelpartie an der Handaußenkante verstanden. Die Handkante erlaubt die Ausführung sehr schneller und äußerst kräftiger Techniken (Bild 20/21).

21

Die Handlanze

Die Finger der stoßenden Hand sind gestreckt und fest aneinander gepreßt. Der Stoß wird nur mit den Fingerspitzen ausgeführt. Die Angriffshaltung ist dieselbe wie beim direkten Fauststoß (Bild 22).
Um den Fingern und der Hand die notwendige Kraft zu verleihen, ist es unbedingt nötig, die Vorübungen (siehe Bild 87/88 – Stoß in einen mit Sand gefüllten Eimer) auszuführen.

Der Handrücken

Die Finger sind gestreckt und stark angespannt. Der Gegner wird durch einen Schlag mit dem Handrücken getroffen. Damit diese Technik wirksam wird, müssen die Schläge von oben nach unten oder in seitlicher Richtung ausgeführt werden (Bild 23/24). Auf diese Weise wird eine hohe Geschwindigkeit erreicht. Die Anwendung dieser Techniken ist nur auf kurze Distanz möglich.

22

3

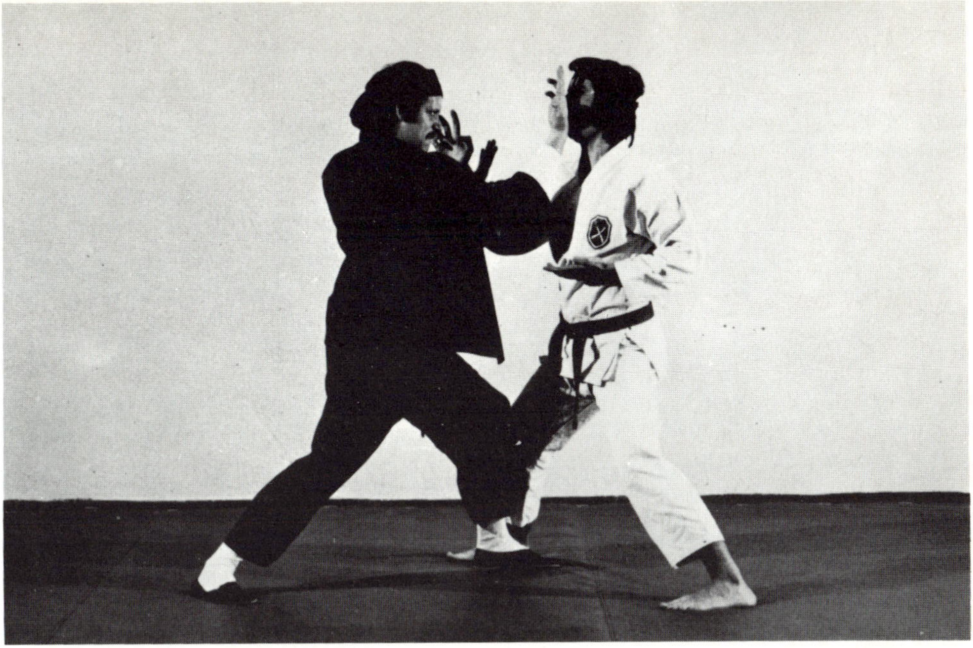

4

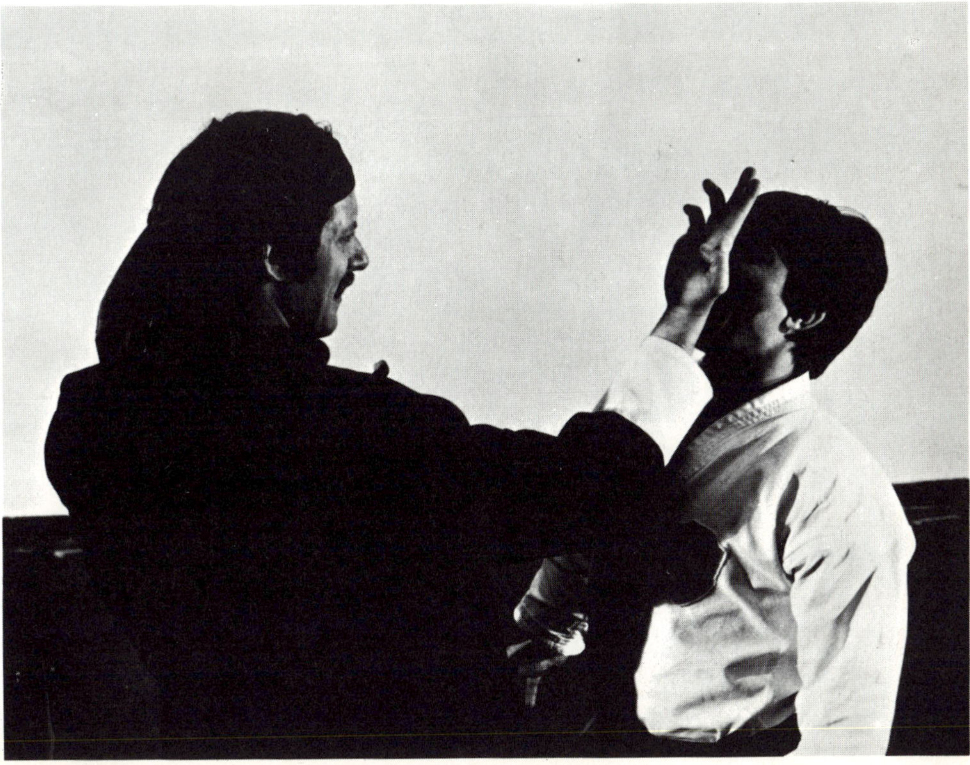

25

26

Der stählerne Handballen

Diese Technik bezweckt, den Gegner zu schlagen oder ihn auf den Boden zu werfen. Der Schlag wird mit dem unmittelbar an das Handgelenk anschließenden Teil der Handinnenfläche (Handballen) versetzt (Bild 25).
Dies erfordert ein spezielles Training nicht nur zum Abhärten dieses Teils der Handinnenfläche, sondern auch zur Stabilisierung des Handgelenks, das sonst ernsthaft verletzt werden könnte.

Der Gänsehals

Diese Technik führt man mit dem unmittelbar an das Handgelenk anschließenden Teil des Unterarms durch (Bild 26). Sie kann mit Erfolg durchgeführt werden, wenn sich der Gegner seitlich von uns befindet.

Die kleine Krebsschere

Sie wird mit der bogenförmig gewölbten Handinnenfläche und den Fingerspitzen ausgeführt. Unmittelbar nach dem Treffen des Ziels, wird die Schlagwirkung durch eine zusätzliche schnelle Greifbewegung der Finger gegen die getroffene Stelle erhöht (Bild 27).

28

29

Die Tigerkralle

Diese Technik ist charakteristisch für Kung-Fu. Man kann damit einen Gegner unschädlich machen oder ihn sogar töten. Die Technik führt man mit allen fünf Fingern der krallenähnlich gebogenen Hand aus (Bild 28).

Die Schlangenzunge

Man führt diese Technik mit gestrecktem und gespreiztem Mittel- und Zeigefinger aus. Die Schlangenzunge wird hauptsächlich benutzt, um Augen oder Hals des Gegners treffen zu können. Die Technik wird oft mit einer Fingerdrehung gegen die getroffene Stelle verbunden (Bild 29/30).

30

31

Der Schlangenkopf

Man kann ohne weiteres erkennen, daß diese Handstellung die deutliche Nach-ahmung einer Schlange darstellt. Die Finger werden so angewinkelt, daß die mittleren Knöchel in Stoßrichtung weisen. Hand und Unterarm bilden im Moment des Auftreffens einen rechten Winkel (Bild 31/32). Mittels dieser Technik greift man an und zieht die Hand sehr schnell wieder in die Ausgangs-stellung zurück. Dieser Kung-Fu Stoß ist mit der Angriffstechnik einer Kobra vergleichbar.

Die große Krebsschere

Die Anwendung dieser Technik ist nur auf kurze Distanz möglich. Sie wird ausschließlich gegen den Hals des Gegners als ruckartige Bewegung vorge-tragen (Bild 33).
Von Experten ausgeführt, kann sie tödlich sein.

32

33

Die Bärentatze

Man führt diese Technik mit fest gepreßten Fingern, die in den mittleren Gelenken angewinkelt sind, durch. Die gesamte Handinnenfläche (einschließlich der Finger) wird zum Schlag benutzt (Bild 34).

Die Handinnenkante

Um diese Technik korrekt ausführen zu können, müssen die Finger gestreckt und der Daumen auf die Handinnenfläche gelegt werden. Man kann diese Technik sowohl auf kurze als auf größere Distanz mit halbkreisförmig geführten Schlägen vortragen (Bild 35).
Sie kann tödlich sein.

Techniken mit geballter Faust

Diese Techniken haben eine große Bedeutung beim Studium des Kung-Fu. Schon im 6. Jahrhundert nach Chr. hatten die buddhistischen Mönche des Tempels von Shaolin die grundlegende Bedeutung der Fausttechniken erkannt.

Fußtritte haben eine größere Reichweite und eine höhere Kraft als Faustschläge. Faustschläge aber haben den Vorteil der größeren Geschwindigkeit und der absoluten Treffsicherheit. Deswegen ist in den ältesten Beschreibungen des Kung-Fu die Idee des Kampfes mit bloßen Händen ausgedrückt, d. h. daß die zwei praktischen Seiten der Kunst in den Vordergrund gestellt werden: Die Hände greifen nicht zum Schwert, die Hände sind Hauptmittel der Verteidigung.

Bei allen diesen Techniken ist es wichtig, die Hände zu Fäusten zu ballen, wobei die Finger stark aneinander gepreßt werden. Eine Mißachtung dieser Voraussetzung verhindert nicht nur die Wirksamkeit der Techniken bedeutend, sondern bringt auch die Gefahr ernsthafter Verletzungen mit sich.

Direkter Fauststoß
(Treffläche: Die beiden ersten Knöchel)

Dies ist eine besonders kraftvolle Technik und eine der gebräuchlichsten im Kampf. In der Ausgangsstellung berührt die stoßende Faust an der Kleinfingerseite die Hüfte. Während des Stoßes führt die Faust eine vollständige Drehung aus (Bild 36/37).

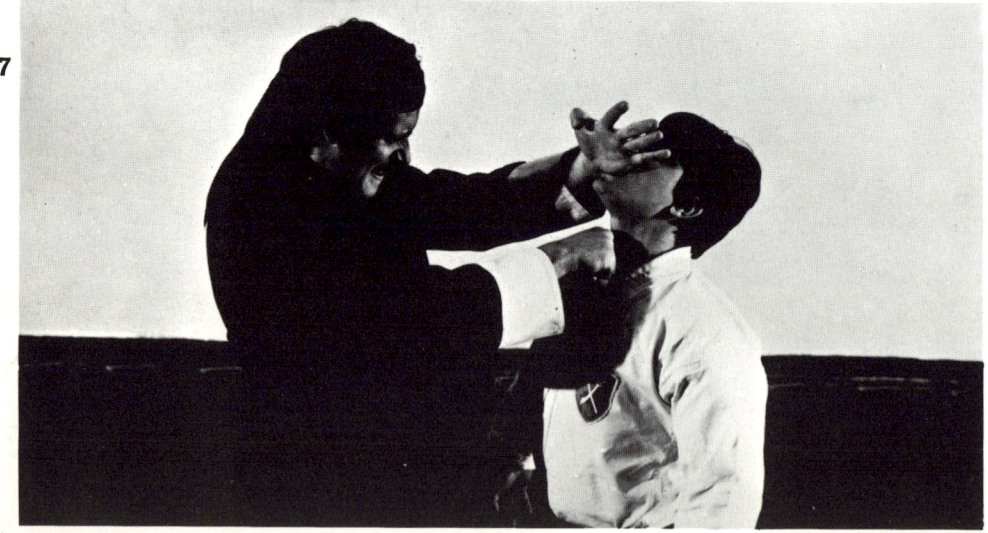

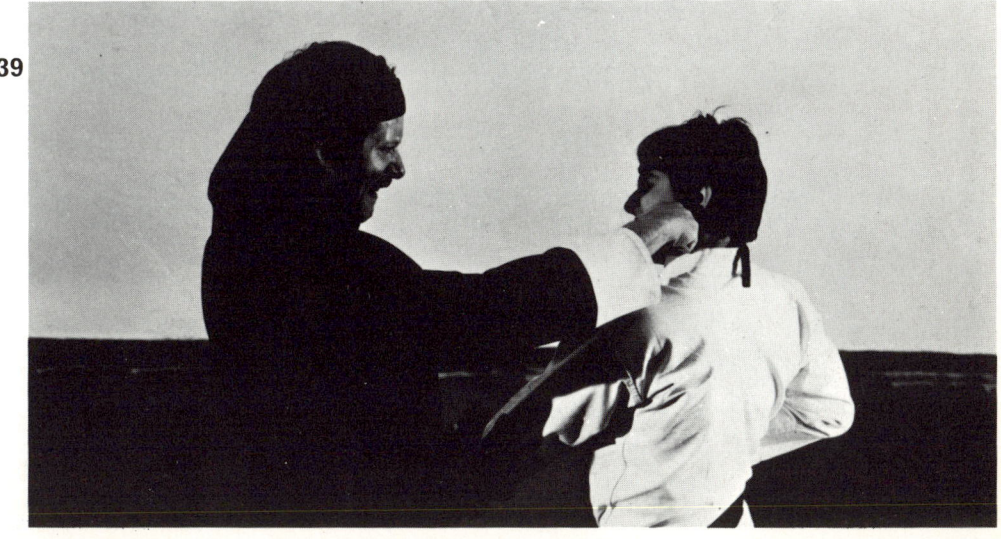

Direkter Fauststoß
(Treffläche: Die drei letzten Knöchel)

Dies ist ein charakteristischer Fauststoß der Schule Wing-Chun. Beim Okinawa Kung-Fu Stil wird diese Technik nur auf kurze Distanz ausgeführt (Bild 38).

Halbkreisfauststoß
(Treffläche: Die beiden ersten Knöchel)

Dies ist eine schnelle und kräftige Technik, die dazu geeignet ist, die Deckung des Gegners zu umgehen (Bild 39).

39

40

41

Schlag mit dem Faustrücken

Dies ist eine Technik, bei der normalerweise aus kurzer Distanz zum Gesicht des Gegners geschlagen wird. Meist wird diese Technik bei der Selbstverteidigung angewendet (Bild 40).

Schlag mit gedrehter Faust
(Treffläche: Die beiden ersten Knöchel)

Dies ist eine Technik, die aus jeder Distanz angewendet werden kann. Ihre Schlagkraft ist beachtlich, sie erfordert jedoch eine größere Schnelligkeit als der direkte Faustschlag, um wirkungsvoll zu sein (Bild 41).

Hammerschlag

Diese Technik wird nur bei Schlägen von oben nach unten durchgeführt. Gelegentlich dient sie zur Abwehr von unten vorgetragener Angriffe. Die Handhaltung entspricht der beim Handkantenschlag, die Wucht und die Treffläche sind jedoch größer (Bild 42).

Fuß- und Beintechniken

Die Zerstörungskraft eines Tritts ist ungefähr fünfmal größer als die einer Handtechnik. Die Füße sind zwar einerseits sehr stark, es fehlt ihnen aber die entsprechende Schnelligkeit. Außerdem ist das Gleichgewicht geschwächt, weil man während des Tritts nur auf einem Fuß steht. Bestandteil jeder Fußangriffstechnik ist nicht nur das kraftvolle, schnelle Schlagen, sondern auch das rasche Zurückziehen des schlagenden Beins nach der Ausführung der Technik.

Im Kung-Fu sind Gleichgewicht und Standfestigkeit Faktoren von größter Bedeutung. Ohne Beachtung dieser beiden Komponenten ist es nicht möglich, irgendeine Technik wirksam vorzutragen. Deswegen wird die Mehrzahl der Tritte im Kung-Fu nur zur tiefen oder mittleren Stufe ausgeführt. Spektakuläre Tritte ins Gesicht sind mit dem Risiko eines gefährlichen Gegenangriffs des Gegners verbunden.

Frontaler Fußtritt

Der Gegner wird mit dem Fußballen oder mit der Ferse getroffen. Die Zehen sind dabei zum eigenen Körper hin angewinkelt. Der Tritt mit der Ferse ist vor allem bei hohen Angriffen üblich (Bild 43).

Im Gegensatz zum Karate darf hier das Knie nicht gebeugt werden. Der Tritt muß von unten kommen, um so seine maximale Kraft im Scheitelpunkt der Ausführung zu erreichen.

44

4

46

Seitlicher Fußtritt

Bei dieser Technik wird das Knie im Gegensatz zur vorherigen **gebeugt** hoch-
gerissen und dann mit einer Schnappbewegung des Beins ins Ziel getreten.
Getroffen wird mit der Ferse (Bild 44-47).

47

49

48

Halbkreisfußtritt

Dies ist eine der gefährlichsten Kung-Fu Techniken. Sie hat das Ziel, die Dek-kung des Gegners zu umgehen, wobei der Fuß eine halbkreisförmige Bewe-gung ausführt. Es wird mit dem Spann getroffen (Bild 48). Zur korrekten Aus-führung ist es notwendig, auf dem Standbein (Ballen) eine kleine Drehung durch-zuführen.

Fußtritt nach rückwärts

Man dreht dabei den Rücken nicht völlig zum Gegner, sondern nur soweit, daß noch ein ausreichender Spielraum entsteht, um den Gegner im Auge be-halten zu können. Man führt diese Technik mit gestrecktem oder gebeugtem Bein aus (Bild 49).

Halbkreisfußtritt nach rückwärts

Dies ist eine besonders charakteristische Technik mehrerer Kung-Fu Schulen. Man führt eine rasche Rückwärtsdrehung aus und trifft den Gegner mit einer ausholenden kreisförmigen Bewegung des Beins kraftvoll mit der Fußsohle (Bild 50).

51

Halbkreisfußtritt im Sprung

Dies ist eine Technik, die beim Kung-Fu selten angewendet wird. Um sie korrekt auszuführen, muß man in der Luft die Hüften drehen und erst dann mit dem Spann des kräftigeren Fußes schlagen, während das andere Bein zum Schutz der Genitalien gebeugt wird (Bild 51).

Kniestoß im Sprung

Dies ist eine typische Kung-Fu Technik aus der „Schule des Affen". Man springt gegen den Gegner, um ihn in Höhe der Lungenspitzen mit beiden Knien zu treffen. Die Arme werden in einer Stellung gehalten, die sowohl den Angriff als auch die Verteidigung erlauben (Bild 52).

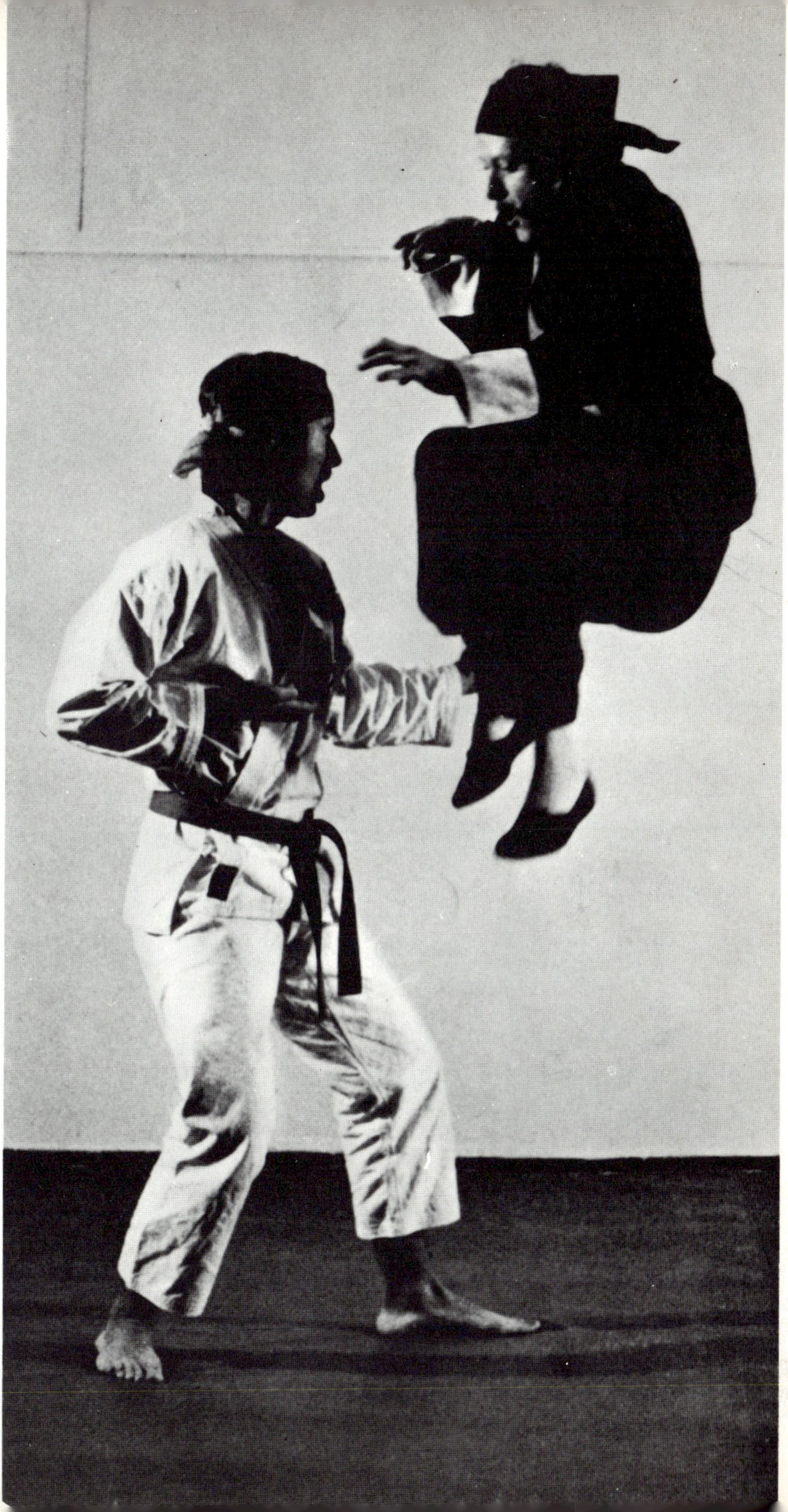

Fegen mit gestrecktem Bein

Diese Technik kann als Vorwärts- oder als Rückwärtsbewegung ausgeführt werden. Man läßt sich dabei zu Boden fallen, stützt sich mit beiden Händen ab und fegt mit gestrecktem Bein das Bein des Gegners weg (Bild 53-56).
Diese Technik wird oft als Gegenangriff gegen hohe Tritte des Gegners angewendet. Eine hohe Geschwindigkeit ist auch hier unerläßlich. Steht man dem Gegner gegenüber, dreht man sich rasch um und führt die obengenannte Bewegung aus (Bild 57-59).
Wenn der Gegner zu Boden gefallen ist, kann man einen Tritt in die Genitalien ausführen, ohne sich dabei vom Boden zu erheben.

56

57 58

59

Fußtritt nach rückwärts im Sprung

Diese Technik wird angewendet, um den Gegner zu überraschen. Man täuscht einen frontalen Fußtritt mit dem linken Bein vor, um im letzten Augenblick eine Drehung um 180° im Sprung auszuführen. Man trifft dann den Gegner mit dem gestreckten rechten Bein (Bild 60-62).

Kniestoß

Diese Technik eignet sich für die kurze Distanz. Man trifft den Gegner (Ziel sind im allgemeinen die Genitalien) mit einer von unten nach oben ausgeführten Kniebewegung (Bild 63).
Auch beim Thai-Boxen findet man eine Reihe verschiedener Kniestöße auf kurze Distanz, nachdem die Arme des Gegners zuerst kampfunfähig gemacht wurden.

63

4

Die Paraden

Beim Kung-Fu gehören Parade und Gegenangriff zusammen und müssen in **einer** Aktion ausgeführt werden. Wenn man dieses wichtige taktische und psychologische Prinzip eines guten Blocks betrachtet, wird die Bedeutung dieser Techniken klar: Eine Parade darf nicht der Endpunkt unserer Aktion sein. Vielmehr muß die Parade **zwei** Bedingungen erfüllen: Sie muß für den Gegner schmerzhaft sein **und** einen wirksamen Gegenangriff vorbereiten.

Parade der oberen Stufe mit dem Unterarm

Sie dient dazu, Angriffe zum Gesicht abzuwehren. Gegenangriff: Tigerkralle gegen die Genitalien (Bild 64/65).

5

73

66

67

Parade der mittleren Stufe
mit der Innenseite des Unterarms

Sie dient dazu, Angriffe gegen den Körper zu blockieren. Der Gegenangriff erfolgt mit der Handaußenkante (Bild 66/67).

Parade der mittleren Stufe
mit der Außenseite des Unterarmes

Sie dient ebenfalls dazu, Angriffe gegen den Körper zu blockieren (Bild 68).

68

Parade mit dem Handrücken

Diese Technik dient zum Blockieren von Angriffen der mittleren oder oberen
Stufe (Bild 69/70).

Parade mit dem Handballen

Sie dient z. B. zum Blockieren von Fußangriffen gegen die Genitalien (Bild 71).

X-Block oder Kreuzsperre mit Unterarmen und Händen

Damit kann jede Angriffsart gegen das Gesicht oder gegen die Genitalien blockiert werden (Bild 72).

7

76

Parade mit der Handkante

Sie dient zum Blockieren von Angriffen der oberen Stufe und wird mit einer Körperdrehung verbunden (Bild 73/74).

Parade mit der Innen- oder Außenseite des Oberschenkels

Damit werden Fußtritte der unteren Stufe blockiert, wenn man die Hände nicht benutzen kann (Bild 75). Als Gegenangriff dient z. B. der Halbkreisfußtritt nach rückwärts (Bild 76, siehe auch Bild 50).

Trainingsmethoden für Hand- und Fußtechniken

Ich möchte jeden, der mit dem Studium des Kung-Fu beginnt, warnen: Ein intensives Training ohne Vorkenntnisse kann zu ernsthaften Mißbildungen der Hände und zur Verringerung von deren Empfindsamkeit führen. Es ist deshalb notwendig, das Training **langsam** zu steigern, wenn man Hände und Füße wirklich abhärten will, ohne Unfälle zu erleben. Es ist nicht möglich, von vornherein abzuschätzen, welche Zeit notwendig ist, um eine gute Vorbereitung zu erreichen. Einige Schüler brauchen dafür 6 Wochen, andere hingegen benötigen 6 Monate.

Die beste Übung zum Abhärten der Finger besteht darin, die Hand bis zum Handgelenk in einen mit Reis gefüllten Eimer zu stoßen. Wenn man diese Übung einwandfrei beherrscht, (Liegestütze auf den Fingerspitzen verkürzen die Vorbereitungszeit wesentlich) kann man zu Übungen an einem mit Sand gefüllten Eimer übergehen. Man beginnt mit 20 aufeinanderfolgenden Stößen und kann dies auf maximal 100 Stöße steigern. Diese Zahl ist als obere Grenze anzusehen, um die Hände nicht ernsthaft zu deformieren.

Zum Training der Hand- oder Fußtechniken benutzt man gewöhnlich einen Sandsack oder ein im Karate übliches „Makiwara" (Schlagpolster).

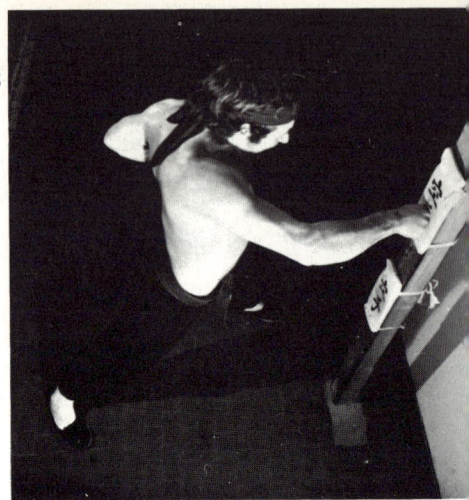

Die Vorbereitung am Schlagpolster

Bild 77/78 zeigen den direkten Fauststoß.
Bild 79/80 zeigen das Training der Handaußenkante.
Bild 81/82 das Training der Handinnenkante.
Bild 83 das Training des direkten Fußtritts zur unteren Stufe.

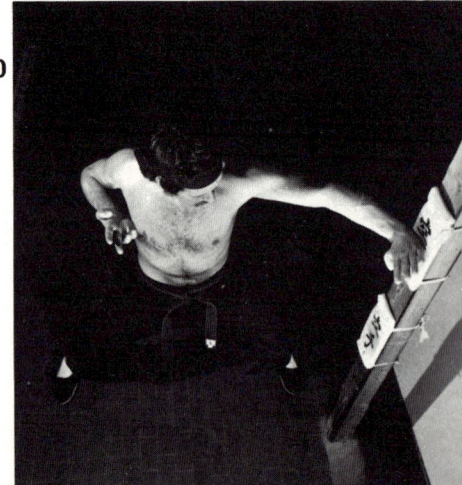

81

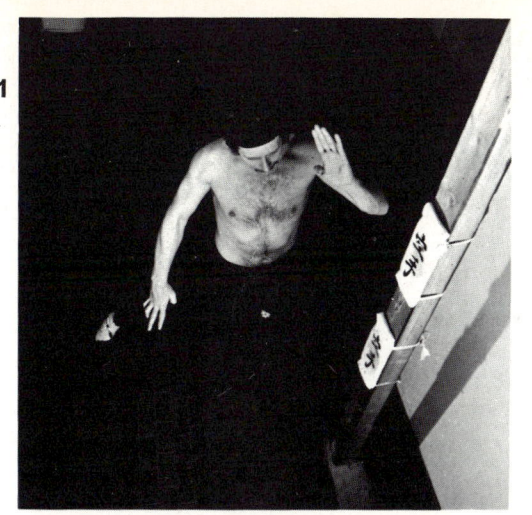

82

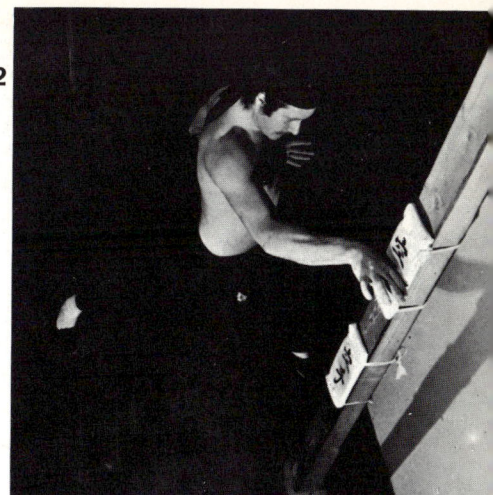

83

83

84

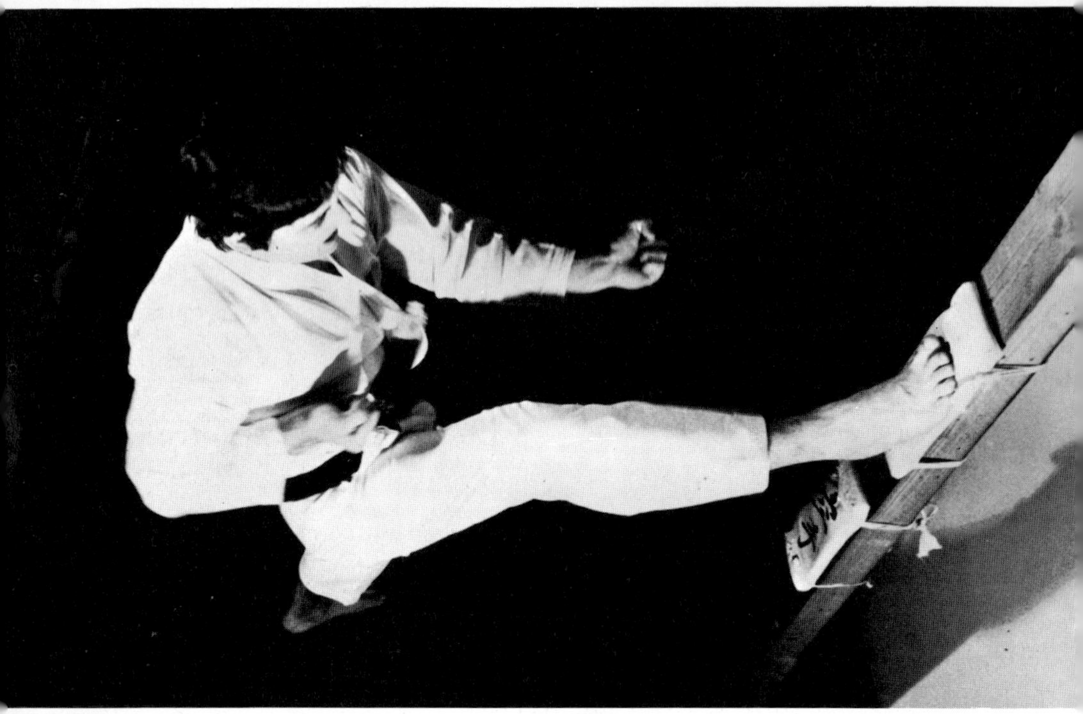

85

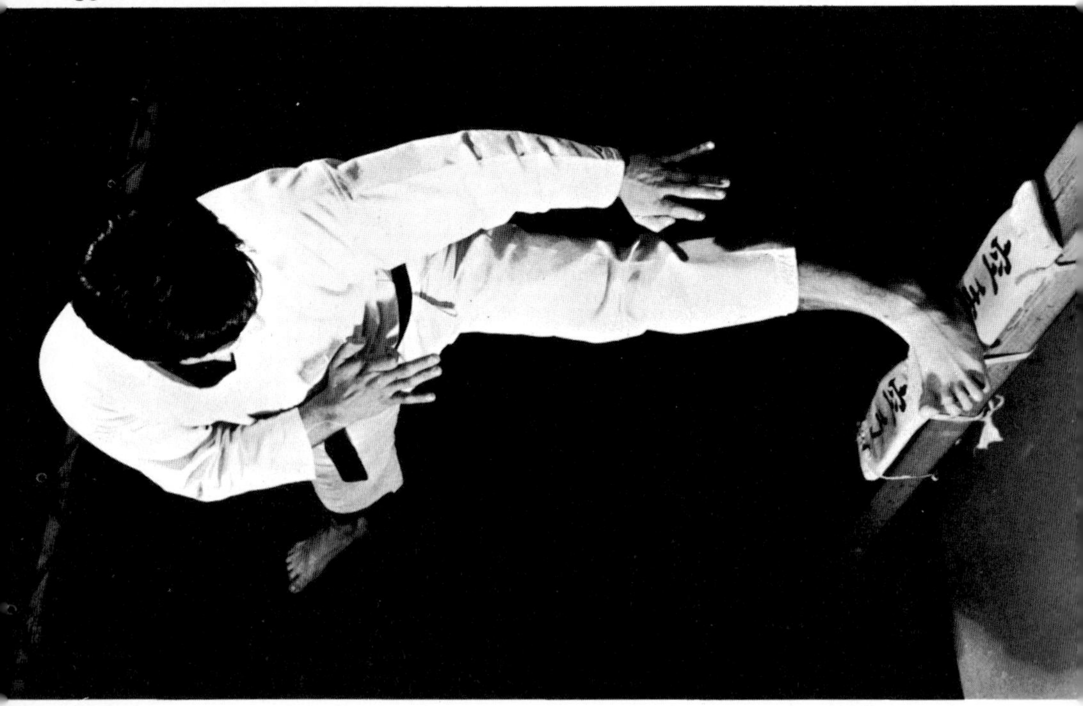

Bild 84 das Training des direkten Fußtrittes zur oberen Stufe.
Bild 85 Übung des seitlichen Fußtritts.
Bild 86 Übung des Halbkreisfußtritts.

86

Das Training an einem mit Sand gefüllten Eimer

Bild 87/88 zeigt einen Fingerspitzenstoß in den Sand.

Brechtechniken

Um eine einwandfreie Brechtechnik ausführen zu können, ist es nicht nur wichtig, Hände und Füße durch ein korrektes Training vorzubereiten, sondern man muß auch die erforderliche innere Einstellung und das Bewußtsein der eigenen Stärke haben.
Das Brechen von Brettern, Ziegeln oder Dachziegeln ist kein Beweis roher Gewalttätigkeit, sondern stellt ein Maß für die eigene physische und geistige Vorbereitung dar (Für die folgenden Demonstrationen werden Bretter benutzt, die aus Tannenholz bestehen und eine Stärke von ca. 3 cm haben).

Bild 89   Der Lehrer bereitet sich zur Ausführung von Brechtechniken vor.

89

90

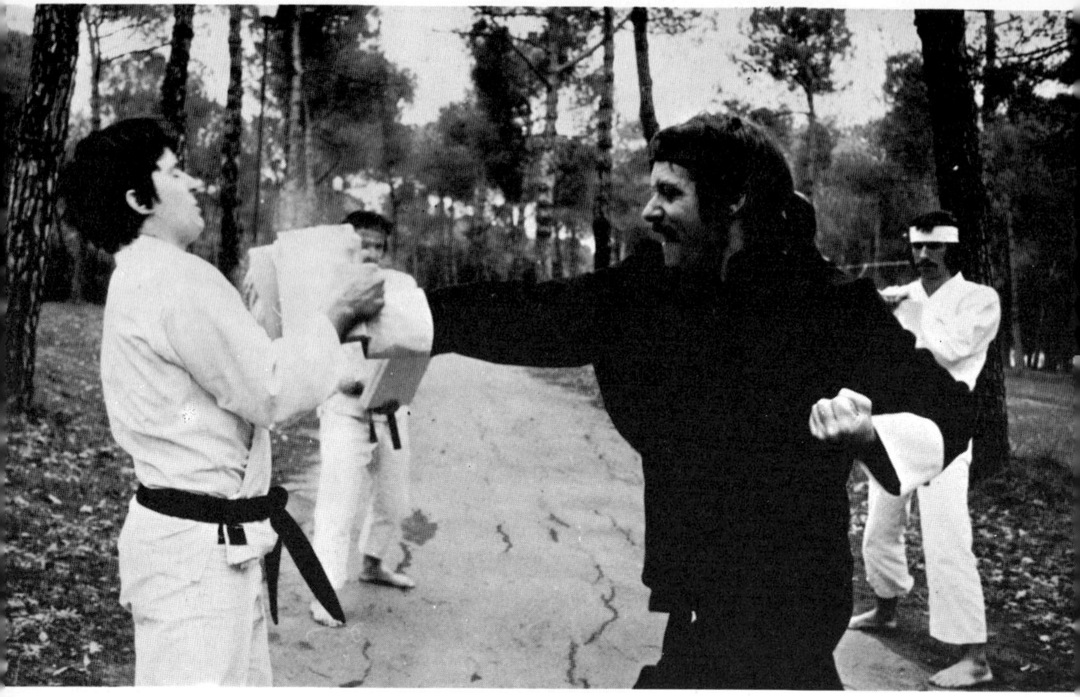

91

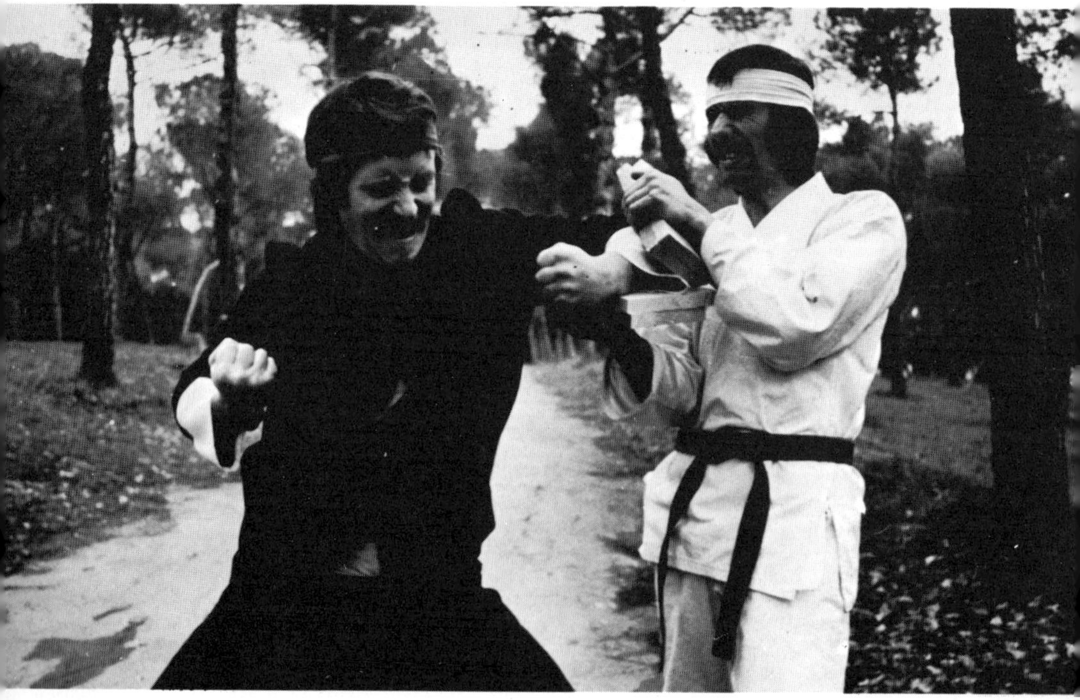

Bild 90   2 Bretter werden mit einem direkten Fauststoß gebrochen.
Bild 91   2 Bretter werden mit einem Ellenbogenstoß zerstört.
Bild 92   2 Bretter werden mit der Hand zerstört.

92

93

94

Bild 93 3 Bretter werden mit einem direkten Fauststoß gebrochen.
Bild 94 2 Bretter werden mit einem frontalen Fußtritt im Sprung zerstört.
Bild 95 zeigt das Brechen von mehreren Brettern.

Ch'i, die innere Kraft

Das Wort ch'i findet man häufig in erläuternden Texten über asiatische Kampf-künste. Es ist ein Begriff, den der Schüler unbedingt kennenlernen muß, weil er in seinen verschiedenen Nuancen eine Zusammenfassung für den Begriff „innere Kraft" ist. Das Wort ch'i hat mehrere Bedeutungen: Luft, Lebenswille, Atem. Es steht nicht ausschließlich im Zusammenhang mit Kung-Fu. Im ch'i sind die Grundgedanken des indischen „phrana", die im Yoga praktiziert wer-den, und des hebräischen „ruakh" zusammengefaßt. Bei allen diesen Grund-gedanken beruft man sich darauf, daß der Mensch unter bestimmten Umstän-den (in Momenten extremer Gefahr oder extremer psychischer Spannung oder wenn der Schüler dies aus eigenem Willen erreichen möchte) enorm konzen-trierte Energie abruft oder abrufen kann, was ihn zu übermenschlichen An-strengungen und Handlungen befähigt.

Obwohl der Schlüssel, der es uns erlaubt, dem ch'i näher zu kommen, vor allem auf richtigen Atemübungen basiert, ist die Freisetzung von innerer Energie, ausgelöst durch ch'i, ein Phänomen des Unbewußten, ein Freiwerden von körperlich-seelischen Kräften. Die Aneignung von ch'i kann nicht gelehrt werden. Es liegt an jedem einzelnen selbst, sich durch Ausdauer und Selbst-erforschung die enormen Reserven innerer Energie, die in uns allen ruhen, zu erschließen.

Das ch'i erlaubt auch, ein an übermenschliches grenzendes Überstehen von für tödlich gehaltenen Schlägen und Stürzen (man hat Beispiele von Übenden, die einen Sprung aus dem dritten Stockwerk auf einen vorher bestimmten Platz ausführten und diesen unverletzt überstanden).

96

97

Die physische Kondition

Ein charakteristischer Aspekt in Bezug auf die Vorbereitung für Kung-Fu ist durch die physische Kondition gegeben. Man bereitet den Körper durch entsprechende Übungen so vor, daß er auch stärksten Angriffen widerstehen kann. Die Lehrer der Antike setzten in der Tat voraus, daß man in einem Kampf, z. B. wegen einer fehlerhaften Parade, auch getroffen werden kann. Man kann also nicht die physische Kondition vernachlässigen und die Paraden als immer wirksame Schranke sehen, sondern man muß das Studium einer Kampfkunst konditionell entsprechend anlegen. Deshalb wurde das Muskeltraining, die richtige Atmung und die perfekte Körperbeherrschung, verbunden mit einer entsprechenden inneren Einstellung besonders intensiviert. Das erschöpfende Training in den alten „kwoon" (Schulen) führte zu einer sehr strengen Auswahl derjenigen, die sich dem Kung-Fu Studium weiter widmen durften. Einer der wichtigsten Nachweise, der nach der ersten Lehrzeit verlangt wurde, war ein Beweis der „Widerstandsfähigkeit". Man mußte in der Lage sein, heftige Stockschläge gegen den Bauch, die Arme, die Schultern und die Beine zu ertragen. Erst nach diesen Vorbereitungen konnte man den Kampf aufnehmen. Die Anzahl der dabei verwendeten Techniken war gering, und deswegen gibt es auch keine sehr große Anzahl von formellen Übungen beim Kung-Fu. Im Laufe von mehreren Jahrhunderten hat sich beim Kung-Fu der Aspekt des Trainings der Widerstandsfähigkeit abgeschwächt. Es wurden zwar die Grundprinzipien nicht verleugnet, aber einige der alten Methoden aufgegeben. Auf jeden Fall muß der Schüler auch heute, bevor er Kämpfe austrägt, seinen Körper vorbereiten. Ein Körper, der nicht nur aus Muskeln besteht und den nicht nur die Lunge mit Sauerstoff versorgt, sondern der auch von einem eisernen Willen beherrscht wird. Aus der intensiven Vorbereitung und dem Zusammenwirken dieser drei Komponenten entsteht die Fähigkeit, auch kräftige Schläge unverletzt zu überstehen.

Die Bilder 96/97 zeigen, wie der Lehrer Armstead Schläge gegen den Bauch (Solarplexus) und den Halsansatz, die tödlich wirken können, mit Hilfe von ch'i übersteht.

Der Kampf

Freier Kampf und Selbstverteidigung

Ein Kung-Fu Übender kann keinen freien Kampf wagen, bevor er nicht die Kampfstellungen und die Grundangriffsarten erlernt hat, um sie in jeder Situation instinktiv richtig anwenden zu können. Um dies zu erreichen, trainiert man gewöhnlich, in dem man sich **vorstellt,** einen Gegner vor sich zu haben. Diese Übungen mit einem gedachten Gegner können auf keinen Fall den Übungseffekt vollständig ersetzen, den man mit einem wirklichen Gegner erzielt. Dieser bietet nämlich eine **bewegliche** Zielscheibe, was beim Training „ins Leere" oder gegen eine fixierte Zielscheibe (Sack, Schlagpolster, etc.) nicht der Fall ist.

Ein realer Gegner kann außerdem seinerseits zum Gegenangriff übergehen, was nicht nur Übungen der Angriffsbewegungen, sondern auch der Verteidigungsbewegungen verlangt. Der Sinn des freien Kampfes gegen einen oder mehrere Gegner ist, die kombinierte Übung aller Angriffe, der Paraden und der Gegenangriffe, die bisher „einzeln" erlernt wurden. Dabei ist der freie Kampf ein wirklicher Test für Vielseitigkeit, Reaktionsgeschwindigkeit und Selbstkontrolle. Der freie Kampf erlaubt außerdem, die Anzahl der erlernten Angriffe, durch eine praxisnahe Anwendung, bemerkenswert zu erweitern. Er schafft außerdem die Möglichkeit zur Fehlerverbesserung bei den einzelnen Stellungen und deren Training. Der freie Kampf fördert alle Arten von Angriff und Abwehr sowie das Gleichgewichtsgefühl und die Standfestigkeit. Im Kampf getroffen zu werden, hat einen hohen erzieherischen Wert: Die moralische Wirkung und der physische Schmerz, den der Treffer eines Gegners verursacht, zeigen uns, wie schwierig es ist, eine hohe Perfektion zu erreichen. Dies erlaubt uns, unser technisches Wissen durch Erfahrung zu bereichern und zu perfektionieren. Auf der Straße wird man sehr selten auf einen Gegner treffen, der die Kampfkünste beherrscht (Dies bezieht sich selbstverständlich auf die westlichen Länder). Das Training im Übungsraum erlaubt es, mit den gefährlichsten unter den möglichen Gegnern zu üben.

98

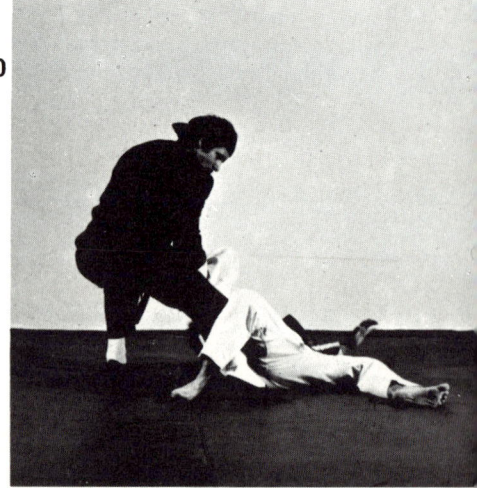

99

100

100

Kampfübungen

Direkter Fauststoß

Wenn der Gegner mit einem direkten Fauststoß angreift, wehren sie diesen mit einem Handkantenschlag ab. Während Sie zur Seite springen, blockieren Sie den Arm des Gegners mit beiden Händen und zwingen ihn mit einer heftigen Verdrehung (die im Ernstfall einen fast sicheren Bruch des Armes bzw. des Schultergelenkes verursacht) zu Boden. Sie können den Gegner dann mit einem Fersentritt in die Magengrube kampfunfähig machen (Bild 98-101).

102

103

104

Faustschlag zum Gesicht

Wenn der Gegner Sie mit einem Faustschlag zum Gesicht angreift, wehren Sie diesen mit einem Schlag der Handinnenkante nach außen ab. Dadurch wird der Schlag vom Ziel abgelenkt und die Deckung des Gegners geöffnet. Sie können ihn dann sofort mit den ausgestreckten Fingern der selben Hand, mit der Sie die Parade ausgeführt haben, treffen (Bild 102/103).

Seitlicher Fußtritt im Sprung

Wenn der Gegner Sie mit irgendeinem Tritt im Sprung angreift, blockieren Sie ihn mit einer halbkreisförmigen Bewegung des Armes nach außen, die ihn aus dem Gleichgewicht bringt (Bild 104). Dannach können Sie mit einer passenden Technik zum Gegenangriff übergehen.

105

Fußtritt nach rückwärts

Wenn der Gegner versucht, Sie mit einem Fußtritt nach rückwärts zu treffen, blockieren Sie diesen mit der Hammerschlagtechnik. Gehen Sie sofort zum Gegenangriff über, treffen Sie den Gegner in der Nierengegend (Bild 105/106).

107

108

Faustschlag von oben nach unten gegen das Genick

Wenn Ihr Gegner sich hinter Ihnen befindet und versucht, Sie mit einem Faustschlag von oben nach unten gegen das Genick zu treffen, wehren Sie ab, indem Sie seinen Arm zwischen Ihren geöffneten Händen einklemmen. Während Sie eine heftige Hebelbewegung ausführen, werfen Sie ihn über Ihre Schulter und machen Sie ihn anschließend mit einem Fersentritt gegen den Kiefer kampfunfähig (Bild 107-110).

10

Armangriff

Wenn Ihr Gegner Sie mit beiden Armen ergreifen will, brechen Sie mit Entschlossenheit seinen Griff, indem Sie Ihre Hände anspannen oder zu Fäusten ballen und hochreißen. Fassen Sie ihn und treffen Sie ihn sofort mit einem Kopfstoß (mit dem oberen Teil des Kopfes) gegen das Gesicht (Bild 111/112).

Seitlicher Messerangriff

Um einem Gegner, der mit einem Messer bewaffnet ist, zu widerstehen, ist allerhöchste Konzentration notwendig. Die Entschlossenheit zur Abwehr ist ein Faktor von größter Bedeutung. Wenn der Gegner plötzlich zum Angriff vorgeht, muß die Parade mit viel Kraft und Entschlossenheit, ohne Angst durchgeführt werden. Denken Sie daran, daß die Person, die das Messer ergreift, oft mehr Angst, als Sie selbst hat. Wenn der Gegner angreift, weichen Sie mit einer leichten Bewegung nach hinten aus. Sie parieren und treffen dann mit gestreckten Fingern seine Kehle (Bild 113/114). Dies treibt den Gegner gegen Ihr gehobenes Knie. Sollte er danach nicht von weiteren Angriffen ablassen, führen Sie die Tigerkrallentechnik gegen die Genitalien oder einen Schlag mit dem Ellenbogen von oben nach unten gegen den Solarplexus aus.

13

1

117

118

119

Zwei unbewaffnete Gegner

Wenn Sie von zwei unbewaffneten Gegnern angegriffen werden, lassen Sie sich nicht aus der Ruhe bringen. Versuchen Sie immer die Lage unter Kontrolle zu halten. Der erste Gegner versucht, Sie mit einem direkten Faustschlag gegen das Gesicht zu treffen. Sie wehren mit einer seitlichen Bewegung des Handgelenkes ab und ergreifen gleichzeitig das Handgelenk des Gegners. Dann treffen Sie ihn mit der Skorpiontechnik gegen die Genitalien: Diese Technik besteht aus einem Fußtritt, der zur Selbstverteidigung sehr nützlich ist. Man bringt das tretende Bein unmittelbar hinter das Standbein und trifft den Gegner in geringer Höhe mit der Fußsohle. Sobald der zweite Gegner angreift, treffen Sie ihn mit einem seitlichen Fußtritt gegen den Solarplexus (Bild 117-120).

20

Auf den Knien gegen drei unbewaffnete Gegner

In der Hitze eines Kampfes sind Sie zu Boden gegangen und befinden sich auf den Knien, während drei Gegner versuchen, Sie zu treffen. Der erste versucht, Sie mit einem frontalen Fußtritt gegen das Gesicht zu treffen. Blockieren Sie diesen mit einer X-Sperre der Arme (Bild 121/122). Dann treffen Sie den Gegner mit der stählernen Handballentechnik gegen den Magen (Bild 123).
Der zweite versucht mit einem seitlichen Fußtritt gegen Ihren Kopf zu treten. Sie weichen aus und ergreifen den Fuß des Gegners mit beiden Händen. Sie verdrehen den Fuß mit einer ruckartigen Bewegung und werfen den Gegner zu Boden (Bild 124/125). Diese Technik kann zum Bruch im Fuß- bzw. Kniegelenk Ihres Gegners führen.
Der letzte Gegner versucht, Sie von hinten mit einem von oben nach unten durchgeführten Faustschlag gegen das Genick zu treffen. Wehren Sie ihn mit beiden Händen ab, indem Sie seinen Arm ergreifen und dann den Gegner über Ihre Schulter zu Boden werfen. Der Arm wird dabei nicht losgelassen. Diese Aktion hat zwei Ziele, nämlich den Arm des Gegners anzugreifen (im Ernstfall zu brechen) und den Gegner in Ihrer unmittelbaren Nähe zu halten, um ihn anschließend mit der stählernden Handballentechnik gegen den Solarplexus unschädlich zu machen (Bild 126/127).

121

122

123

124

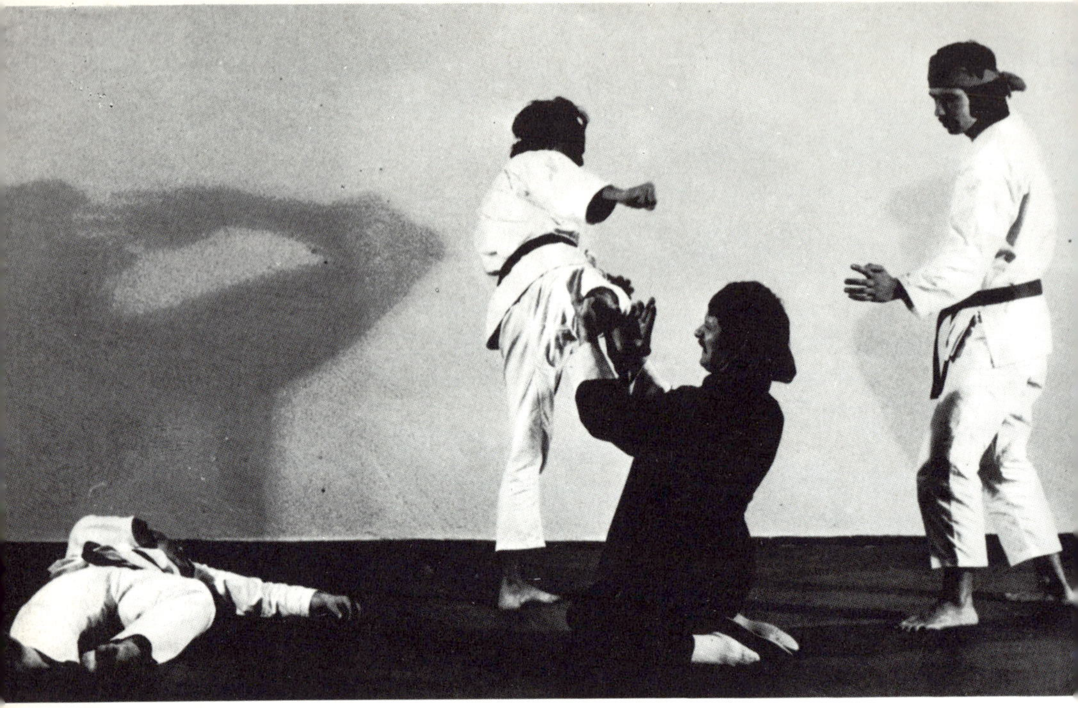

125

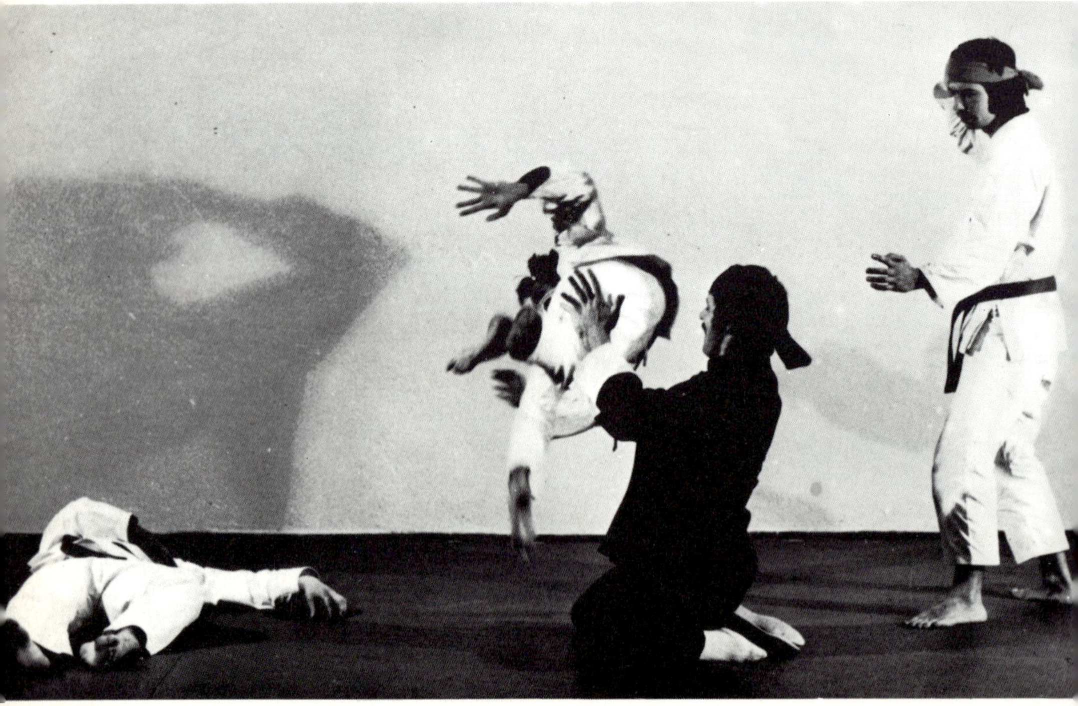

128

Drei unbewaffnete Gegner

Zwei Männer halten Sie an den Armen fest und der Dritte schickt sich an, mit seinem Fuß in Ihre Genitalien zu treten. Wehren Sie den Tritt mit Ihrem Bein ab, und treffen Sie den Angreifer mit einem kräftigen Tritt des selben Beines gegen den Solarplexus (Bild 128-130). Anschließend wird das Bein kurz auf den Boden zurückgestellt, um das Gleichgewicht zu behalten. Dann wird mit einem weiteren Tritt, diesmal nach rückwärts, der zweite Gegner getroffen (Bild 131). Zum Schluß greifen Sie den dritten Gegner mit einem frontalen Fußtritt gegen Magen oder Genitalien an. Die gesamte Aktion wird mit demselben Bein sowie maximaler Geschwindigkeit und Entschlossenheit durchgeführt.

130

1

132

120

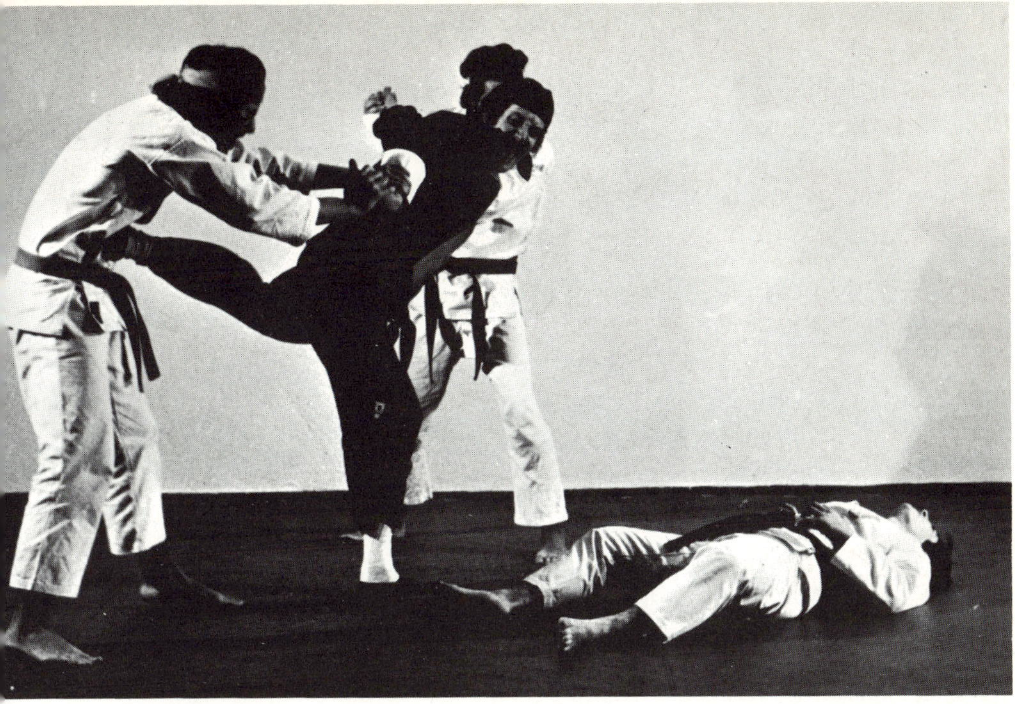

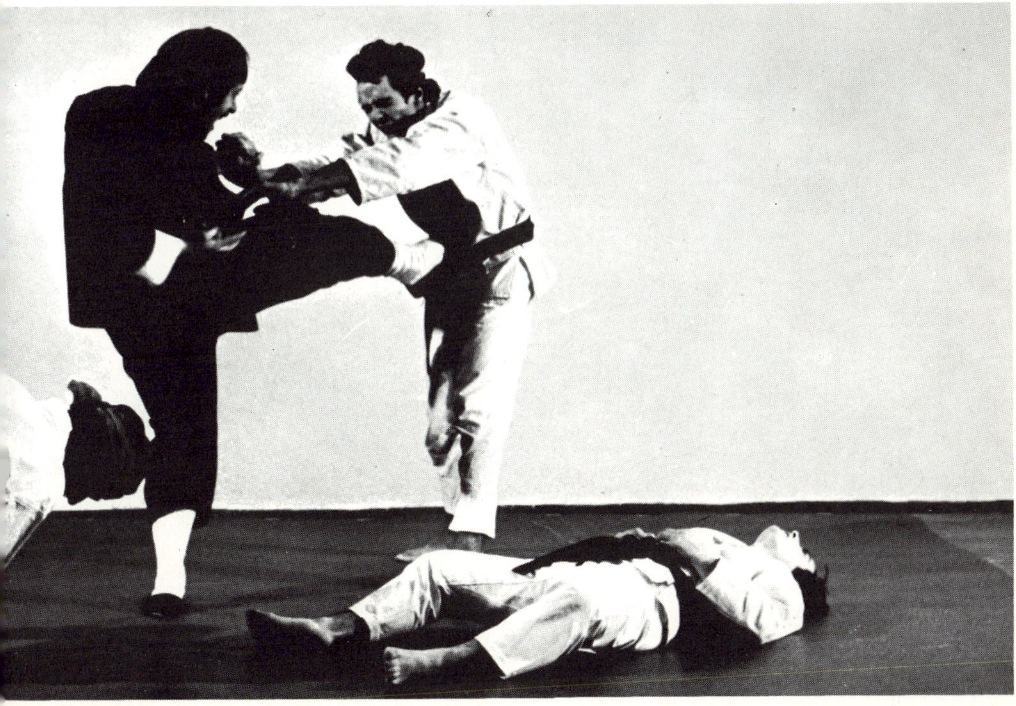

133

134

Vier unbewaffnete Gegner

Sie sind von vier angriffsbereiten Gegnern umgeben. Mit einem seitlichen Fuß-tritt im Sprung treffen Sie den ersten Gegner gegen den Solarplexus (Bild 133/134). Drehen Sie sich zum zweiten Gegner und verlieren Sie dabei die bei-den anderen nicht aus den Augen. Vergessen Sie nicht, daß diese Sie in jedem Moment angreifen können: Der wesentliche Punkt Ihrer Verteidigungskonzep-tion ist das Ausnutzen der allgemeinen Unentschlossenheit und sei es nur für einen Moment. Dies ist der Grund dafür, daß Sie, wenn überhaupt, nur sehr selten von allen vier Gegnern gleichzeitig angegriffen werden.

Sobald der zweite Gegner beabsichtigt, Sie mit einem Faustschlag zu treffen, wehren Sie diesen mit einem Handkantenschlag ab und treffen Sie ihn mit einem kreisförmigen Fußtritt gegen den Unterleib (Bild 135/136).

Während der Getroffene zu Boden fällt, drehen Sie sich zum dritten Gegner, der bereit ist, in Ihr Gesicht zu schlagen. Blockieren Sie dessen Schlag mit der Bärentatzentechnik und treffen Sie ihn im selben Moment mit der Tiger-krallentechnik gegen die Genitalien (Bild 137/139). Zum Schluß erfolgt ein Schlag mit dem rechten Ellenbogen gegen seine Schläfe (Bild 140).

Der letzte Gegner versucht, Ihnen einen frontalen Fußtritt gegen den Solar-plexus zu versetzen. Wehren Sie diesen mit dem Arm, der eine kreisförmige Bewegung nach außen beschreibt, ab, und bringen Sie dadurch sein Bein aus der Zielrichtung (Bild 141). Nach einem kleinen Sprung (um dichter an ihn heran-zukommen) fegen Sie sein Standbein weg und werfen Sie ihn somit zu Boden. Zum Schluß erfolgt ein Handkantenschlag gegen den Halsansatz (Bild 142-144).

35

136
137

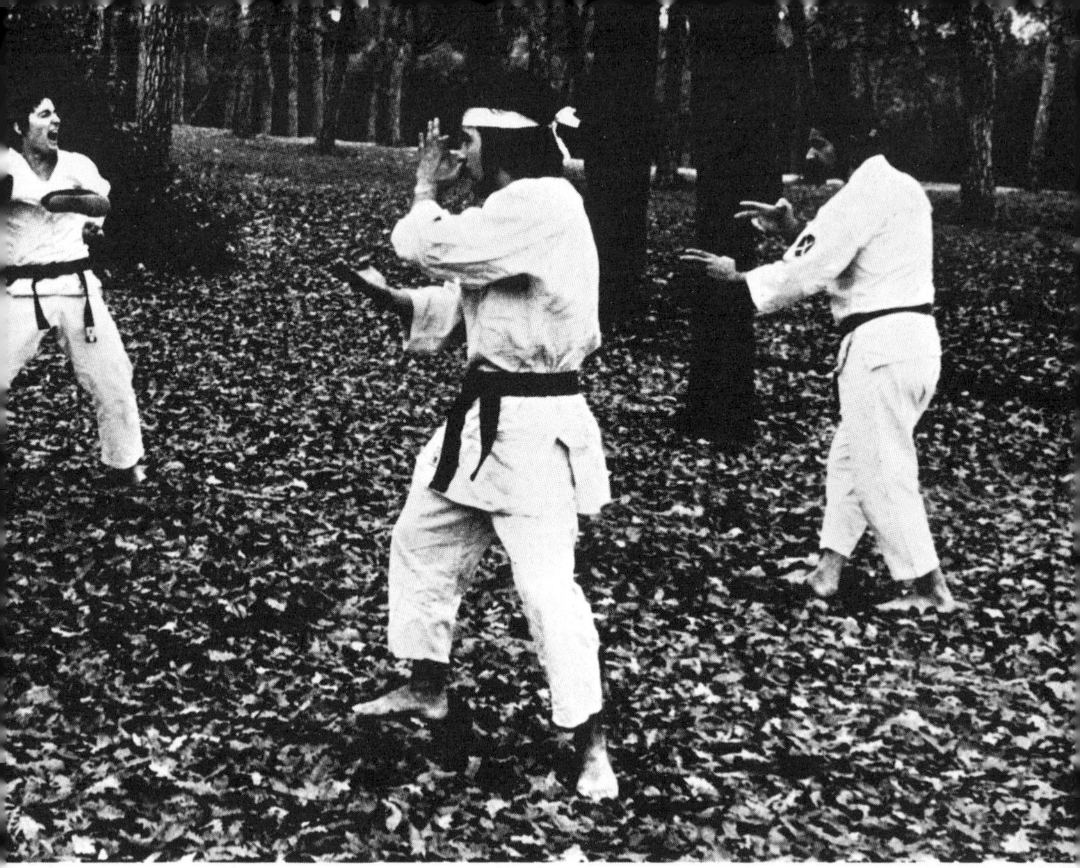

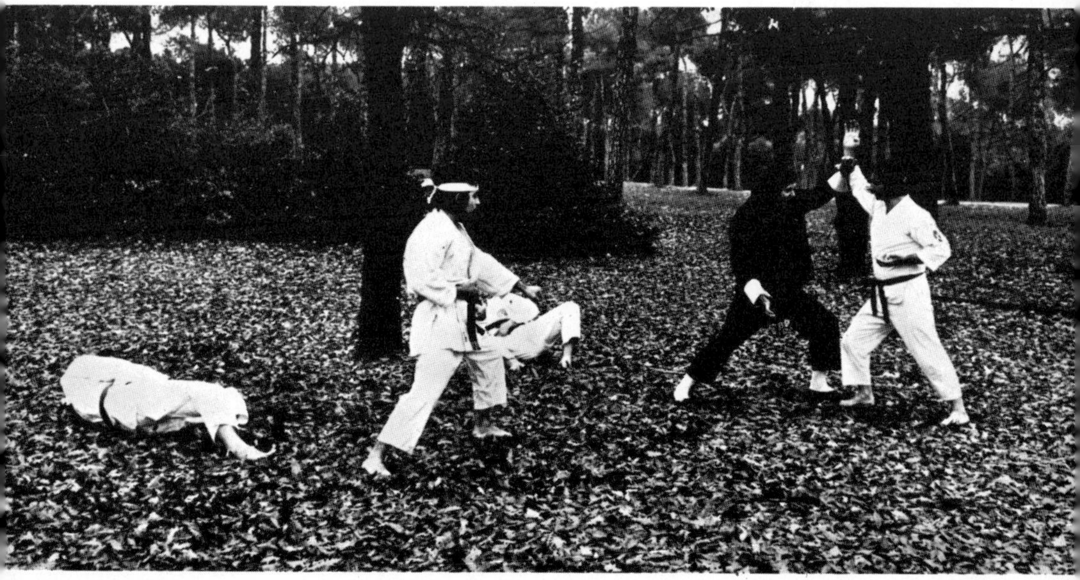

140

141

142

143

3 87892 - 020 2 **Das Judo-Brevier**
Der bewährte Leitfaden für Technik und Prüfung, 114 Abb.

000 8 **1 x 1 des Judo**
Die Grundlagen wirksamen Judotrainings, 101 Abb.

001 6 **Die Judo-Wurftechnik**
Die exakte Beschreibung aller wichtigen Würfe, 209 Abb.

002 4 **Die Judo-Bodentechnik**
Das Fachbuch für Halte-, Hebel- und Würgetechniken, 165 Abb.

003 2 **Kombinationen und Kontertechnik**
Erfolgreiche Techniken für Kampf und Prüfung, 110 Abb.

011 3 **Kinder-Judo**
Das fröhliche Lehrbuch für kleine Judoka, 72 Abb.

013 X **Koshiki-no-Kata**
Die ritterliche Verteidigungstechnik, 154 Abb.

026 1 **Kraft-Training**
Ratschläge für Fitness + Leistungssport, 165 Abb.

021 0 **Karate ... mit bloßen Händen**
Die Grundlagen wirksamer Kampftechnik, 141 Abb.

044 X **Das Kampfsport-Lexikon**
Die Kampfkünste der Welt von A-Z, 51 Abb.

023 7 **Boxen ... Fechten mit der Faust**
Das bewährte Lehrbuch über den Faustkampf, 80 Abb.

059 8 **Das Taekwondo Brevier**
Der Leitfaden für Technik und Prüfung, 225 Abb.

028 8 **Taekwondo**
Kompaktlehrgang der koreanischen Kampfkunst, 104 Abb.

049 0 **Die 12 Taekwondo-Hyongs**
Präzisionsübungen für Fortgeschrittene, 436 Abb.

071 7 **Ein-Schritt-Kampf (Ilbo-Taeryon)**
Ausweichen · Abwehren · Kontern, 213 Abb.

076 8 **Allkampf-Jitsu**
Die vielseitige Selbstverteidigung, 235 Abb.

055 5 **Shuriken**
Sicherer Umgang mit Wurfsternen, 103 Abb.

029 6 **Ringen**
Freistiltechnik für Anfänger + Fortgeschrittene, 105 Abb.

024 5 **Sambo**
Der kraftvolle russische Kampfsport, 217 Abb.

022 9 **Aikido-Fibel**
Die Grundlagen des Aikido, 72 Abb.

045 8 **Das Aikido-Brevier**
Leitfaden für Technik und Prüfung, 140 Abb.

069 5 **Bokken**
Das Holzschwert der Samurai, 149 Abb.

041 5 **Die Kunst des Florettfechtens**
Das Fechtbuch für Anfänger + Fortgeschrittene, 266 Abb.

050 4 **Lehrbuch des Bogensports**
Vom ersten Schuß bis zur perfekten Technik, 132 Abb.

036 9 **Kyudo**
Die Kunst des japanischen Bogenschießens, 231 Abb.

053 9 **Armbrustschießen**
Das Standardwerk für Sport & Hobby, 95 Abb.

039 3 **Sport für Anfänger**
Strategien für etwas mehr Bewegung, 60 Abb.

075 X **Tai Chi Chuan**
Fitness für Körper & Seele, 619 Abb.

038 5 **Gymnastik**
Zweckmäßige Körperschule, die Spaß macht, 221 Abb.

047 4 **Fußball-Lehrbuch**
Mit vielen Spielübungen für die Praxis, 246 Abb.

056 3 **Sportliches Messerwerfen**
Über den sicheren Umgang mit Wurfmessern, 48 Abb.

063 6 **Arnis · Escrima · Kali**
Das Lehrbuch für den Stockkampf, mit 198 Abb.

067 9 **Pencak Silat**
Die alte indonesische Kampfkunst, 399 Abb.

065 2 **Tauch-Theorie**
Das Komplettwissen für den Tauchsport, 139 Abb.

3 87892 - 005 9 **Nage-no-Kata**
Die 15 Grundwürfe des Judo, 96 Abb.

006 7 **Katame-no-Kata**
Die 15 grundlegenden Bodentechniken, 70 Abb.

007 5 **Kime-no-Kata**
Die klassische japanische Selbstverteidigung, 140 Abb.

008 3 **Gonosen-no-Kata**
Die dynamischen Gegenwürfe des Judo, 58 Abb.

009 1 **Itsutsu-no-Kata**
Die Darstellung 5 traditioneller Judo-Elemente, 32 Abb.

010 5 **Ju-no-Kata**
Demonstration des „Siegens durch Nachgeben", 152 Abb.

012 1 **Goshin-Jitsu-no-Kata**
Die moderne japanische Selbstverteidigung, 118 Abb.

030 X **Das Ju-Jutsu Brevier**
Der Leitfaden für Selbstverteidigungssportler, 94 Abb.

004 0 **Selbstverteidigung**
Wirksame Verteidigungstechnik für den Ernstfall, 260 Abb.

074 1 **Krav Maga**
Abwehr bewaffneter Angriffe, 522 Abb.

031 8 **Chronik alter Kampfkünste**
Kampftechniken aus 3 Jahrhunderten, 369 Stiche

051 2 **Thai-Boxen**
Der dynamische asiatische Vollkontaktsport, 215 Abb.

073 3 **Kick Boxen**
Fitness · Kampfsport · Selbstverteidigung, 255 Abb.

027 X **Die 12 Karate-Kata**
Die wichtigsten Shotokan- und Wado-Ryu-Kata, 491 Abb.

033 4 **Sai**
Die Verteidigungstechnik mit der Waffe, 114 Abb.

072 5 **BO**
Kampf mit dem Langstock, 366 Abb.

032 6 **Kung-Fu**
Die Technik des chinesischen Boxens, 144 Abb.

040 7 **Sumo**
Der gewichtige japanische Ringkampf, 49 Abb.

042 3 **Spiele für Sport + Freizeit**
Ideen für alle, die gerne Spiele machen, 82 Abb.

035 0 **Iai-Do**
Blitzschnell die Waffe ziehen und treffen, 192 Abb.

025 3 **Das ist Kendo**
Eine Einführung in das japanische Fechten, 98 Abb.

037 7 **Kendo**
Lehrbuch des japanischen Schwertkampfes, 700 Abb.

068 7 **Capoeira**
Kampfkunst und Tanz aus Brasilien, 243 Abb.

034 2 **Yoga**
Die Kunst der Entspannung und Gelassenheit, 368 Abb.

061 X **SNOOKER**
Billard „made in England", 106 Abb.

048 2 **DARTS**
Konzentration + Präzision im Pfeilwurfspiel, 71 Abb.

052 0 **60 Spiele auf dem London-Board**
Die umfangreiche Spielesammlung für Darter, 22 Abb.

064 4 **Electronic Dart**
Das sportliche Spielvergnügen, 31 Abb.

078 4 **Boule - Pétanque**
Die Faszination der Eisenkugeln, 36 Abb.

054 7 **American Football**
Vom Kick-off zum Touchdown, 123 Abb.

057 1 **Baseball**
Vom Hit zum Homerun, 82 Abb.

060 1 **Rugby**
Kampf in Gasse und Gedränge, 90 Abb.

077 6 **Beachsport**
Sand · Fun · Action, 60 Abb.

062 8 **Das Ballsport Lexikon**
Die Ball- und Kugelspiele der Welt, 225 Abb.

066 0 **Das Wintersport Lexikon**
Sport & Spiel auf Eis und Schnee, 118 Abb.

081 4 **Der lachende Tennisball**
Humorvolle, aber treffende Tennisratschläge, 69 Cartoons

080 6 **Der lachende Ski**
Heiteres über den Skisport und seine Freuden, 52 Cartoons

083 0 **Die lachende Nixe**
Das Schmunzelbuch für alle Wassersportler, 64 Cartoons

082 2 **Das lachende Pferd**
Für Reiter und Pferdefreunde zum Wiehern, 57 Cartoons

084 9 **Der lachende Fußballer**
Viel Spaß um's runde Leder, 56 Cartoons

085 7 **Das lachende Fahrrad**
Schwungvolles über den Radsport, 49 Cartoons